南朱雀 · 五

낭송 주자어류

낭송Q시리즈 남주작 05
낭송 주자어류

발행일 초판4쇄 2023년 8월 30일(甲辰年 壬申月 丙寅日) |
지은이 주희 | **풀어 읽은이** 이영희 | **펴낸곳** 북드라망 | **펴낸이** 김현경 |
주소 서울시 종로구 사직로8길 24 1221호(내수동, 경희궁의아침 2단지) |
전화 02-739-9918 | **이메일** bookdramang@gmail.com

ISBN 978-89-97969-50-0 04150 978-89-97969-37-1(세트) | 이 도서의 국립중앙도서관 출
판시도서목록(CIP)은 서지정보유통지원시스템 홈페이지(http://seoji.nl.go.kr)와 국가자
료공동목록시스템(http://www.nl.go.kr/kolisnet)에서 이용하실 수 있습니다.(CIP제어번
호: CIP2014035097) | 이 책은 저작권자와 북드라망의 독점계약에 의해 출간되었으므
로 무단전재와 무단복제를 금합니다. 잘못 만들어진 책은 서점에서 바꿔 드립니다.

책으로 여는 지혜의 인드라망, 북드라망 **www.bookdramang.com**

낭송
Q
시리즈

남주작
05

낭송
주자어류

주희
지음

이영희
풀어
읽음

고미숙
기획

▶ 낭송Q시리즈 『낭송 주자어류』 사용설명서 ◀

1. '낭송Q'시리즈의 '낭송Q'는 '낭송의 달인 호모 큐라스'의 약자입니다. '큐라스'(curas)는 '케어'(care)의 어원인 라틴어로 배려, 보살핌, 관리, 집필, 치유 등의 뜻이 있습니다. '호모 큐라스'는 고전평론가 고미숙이 만든 조어로, 자기배려를 하는 사람, 즉 자신의 욕망과 호흡의 불균형을 조절하는 능력을 지닌 사람을 뜻하며, 낭송의 달인이 호모 큐라스인 까닭은 고전을 낭송함으로써 내 몸과 우주가 감응하게 하는 것이야말로 최고의 양생법이자, 자기배려이기 때문입니다(낭송의 인문학적 배경에 대해 더 궁금하신 분들은 고미숙이 쓴 『낭송의 달인 호모 큐라스』를 참고해 주십시오).

2. 낭송Q시리즈는 '낭송'을 위한 책입니다. 따라서 이 책은 꼭 소리 내어 읽어 주시고, 나아가 짧은 구절이라도 암송해 보실 때 더욱 빛을 발합니다. 머리와 입이 하나가 되어 책이 없어도 내 몸 안에서 소리가 흘러나오는 것, 그것이 바로 낭송입니다. 이를 위해 낭송Q시리즈의 책들은 모두 수십 개의 짧은 장들로 이루어져 있습니다. 암송에 도전해 볼 수 있는 분량들로 나누어 각 고전의 맛을 머리로, 몸으로 느낄 수 있도록 각 책의 '풀어 읽은이'들이 고심했습니다.

3. 낭송Q시리즈 아래로는 동청룡, 남주작, 서백호, 북현무라는 작은 묶음이 있습니다. 이 이름들은 동양 별자리 28수(宿)에서 빌려 온 것으로 각각 사계절과 음양오행의 기운을 품은 고전들을 배치했습니다. 또 각 별자리의 서두에는 판소리계 소설을, 마무리에는 『동의보감』을 네 편으로 나누어 하나씩 넣었고, 그 사이에는 유교와 불교의 경전, 그리고 동아시아 최고의 명문장들을 배열했습니다. 낭송Q시리즈를 통해 우리 안의 사계를 일깨우고, 유(儒)·불(佛)·도(道) 삼교회통의 비전을 구현하고자 한 까닭입니다. 아래의 설명을 참조하셔서 먼저 낭송해 볼 고전을 골라 보시기 바랍니다.

▷ **동청룡:** 『낭송 춘향전』, 『낭송 논어/맹자』, 『낭송 아함경』, 『낭송 열자』, 『낭송 열하일기』, 『낭송 전습록』, 『낭송 동의보감 내경편』으로 구성되어 있습니다. 동쪽은 오행상으로 목(木)의 기운에 해당하며, 목은 색으로는 푸른색, 계절상으로는 봄에 해당합니다. 하여 푸른 봄, 청춘(靑春)의 기운이 가득한 작품들을 선별했습니다. 또한 목은 새로운 시작을 의미하기도 합니다. 청

춘의 열정으로 새로운 비전을 탐구하고 싶다면 동청룡의 고전과 만나 보세요.

▷ 남주작 : 『낭송 변강쇠가/적벽가』『낭송 금강경 외』『낭송 삼국지』『낭송 장자』『낭송 주자어류』『낭송 홍루몽』『낭송 동의보감 외형편』으로 구성되어 있습니다. 남쪽은 오행상 화(火)의 기운에 속합니다. 화는 색으로는 붉은색, 계절상으로는 여름입니다. 하여, 화기의 특징은 발산력과 표현력입니다. 자신감이 부족해지거나 자꾸 움츠러들 때 남주작의 고전들을 큰소리로 낭송해 보세요.

▷ 서백호 : 『낭송 흥보전』『낭송 서유기』『낭송 선어록』『낭송 손자병법/오기병법』『낭송 이옥』『낭송 한비자』『낭송 동의보감 잡병편 (1)』로 구성되어 있습니다. 서쪽은 오행상 금(金)의 기운에 속합니다. 금은 색으로는 흰색, 계절상으로는 가을입니다. 가을은 심판의 계절, 열매를 맺기 위해 불필요한 것들을 모두 떨궈 내는 기운이 가득한 때입니다. 그러니 생활이 늘 산만하고 분주한 분들에게 제격입니다. 서백호 고전들의 울림이 냉철한 결단력을 만들어 줄 테니까요.

▷ 북현무 : 『낭송 토끼전/심청전』『낭송 노자』『낭송 대승기신론』『낭송 동의수세보원』『낭송 사기열전』『낭송 18세기 소품문』『낭송 동의보감 잡병편 (2)』로 구성되어 있습니다. 북쪽은 오행상 수(水)의 기운에 속합니다. 수는 색으로는 검은색, 계절상으로는 겨울입니다. 수는 우리 몸에서 신장의 기운과 통합니다. 신장이 튼튼하면 청력이 좋고 유머감각이 탁월합니다. 하여 수는 지혜와 상상력, 예지력과도 연결됩니다. 물처럼 '유동하는 지성'을 갖추고 싶다면 북현무의 고전들과 함께해야 합니다.

4. 이 책 『낭송 주자어류』는 주희가 제자들과 강학할 때의 어록을 모아 편집한 『주자어류』(『朱子語類』 8冊, 王星賢 點校, 中華書局, 1998)를 풀어 읽은이가 그 편제를 새롭게 하여 엮은 발췌 편역본입니다. 참고로 『주자어류』의 원 체재(體裁)는 이 책 말미에 실어 놓았습니다.

차 례

『주자어류』는 어떤 책인가

이보게, 공부는 몸이고, 우주라네

1.『주자어류』와의 운명적 만남

아버지는 이른 아침 깨어나 동네를 한 바퀴 돌고 나면, 신문지를 방바닥에 깔고 붓글씨를 쓰셨다. 어린 나는 그 옆에 앉아 먹을 갈고 아버지의 글씨를 신기하게 바라보곤 했다. 어린 맘에 아버지의 막힘없이 흘러가는 붓놀림이 내가 가당을 수 없는 경지에 이른 사람처럼 퍽이나 높게 느껴졌다. 정갈하면서도 그윽한 풍취와 함께, 매일매일 수련하듯 글씨를 쓰시던 모습이 좋았다.

아버지의 문풍이 나에게 전해진 것일까? 언제부터인지 모르겠지만, 나는 조선 유학에 관심이 있었다. 퇴계가 학문의 요체를 열 개의 도식으로 설명한 「성학십도」聖學十圖를 보고 감탄했고, 율곡이 어머니가 죽고 방황하던 시절 불교에 귀의했다 다시 유학으로 돌아오기까지의 사연에 감격했다. 남명 조식의 칼 같은 자기 수양 앞에선 간담이 서늘해지기도 했고, 근대문물이 물밀듯이 들어오던 시절, 유학과 과학을 접목하려고 시도한 최한기의 기학氣學에 박수를 보내기도 했다.

그리고 나에게 남은 건, '이들이 지향했던 학문은

과연 어떤 것이었을까?'였다. 그들의 치열함에 자주 피가 끓었고, 소름이 돋았으며, 나도 따라 발분하는 마음이 일었다. 하여 그들이 가고자 하는 길에 대해 대화하고 싶었다. 그러던 중 『주자어류』朱子語類와 만났다.

2. 공부해서 성인 되는 프로젝트

『주자어류』는 주자와 제자들 사이에 오고갔던 학문적 대화를 기록한 책이다. 제자들이 스승과 문답한 어록을 각자 기록해 두었다가 모아서 편찬한 것이다. 마흔한 살 때부터 돌아가시기 1년 전까지의 기록이니, 익을 대로 익은 주자 사상의 진면목을 일대일 대화로 만날 수 있다.

거기에는 내가 궁금했던 것들이 제자들의 입을 통해 흘러나온다. 단순하고 생초보적인 질문들임에도 불구하고 스승은 이들을 꾸짖기도 하고, 달래기도 하고, 격려하기도 하면서 자신이 통과한 길에 대해 세세하게 말씀하신다.

여기에는 공부법에서부터 학문적 태도까지, 책 읽

는 법에서부터 그것을 실천하는 데까지, 나아가 인간 본성과 우주 자연에 대한 탐구에 이르기까지 깊고 웅혼하되 지극히 정밀한 말들이 흘러넘친다. 그러는 가운데 스승의 길을 보여 준다.

주자의 길은 공부로 성인이 되는 프로젝트다. 이것이 주자의 비전이다. 이전까지 성인은 미리 선택된 인물, 나면서부터 성인으로 태어난 인간들이다. 그들은 문명을 만들고, 인간이 사회라는 울타리 속에서 살아갈 수 있도록 문물제도를 만든 위대한 존재들이다. 그런데 주자는 이 위대한 성인을 '배워서 이른다'고 말한다. 그것은 누구나 성인이 될 본성[理]이 자신 안에 있으니 공부를 통해서 그것을 일깨우기만 하면[窮理] 된다는 것이다.

주자가 말하는 성인이란 '지금 이대로 내가 성인'이라는 것과는 다르다. 목표가 저 멀리 빛나는 별이 아니라, 바로 내 안에 있는 '본연의 성性'이다. 그렇기는 하지만 거기로 복귀하기 위해서는 한순간도 간단없는 노력이 필요하다. 그리고 그것은 천하의 도리이니 하지 않으면 안 된다는 것. 여기에는 우주의 이치와 존재의 내재적 법칙이 조응하고 있다.

주자는 말한다. "『논어』를 참으로 깊숙한 곳까지

간파하여 마치 공자의 뱃속을 꿰뚫어 보듯이 그 폐나 간까지 모두 안다면, 이는 바로 공자 그 사람이 아니겠는가? 『맹자』 일곱 편을 참으로 깊숙한 곳까지 다 궁구하여 마치 맹자의 뱃속을 꿰뚫어 보듯이 그 폐나 간까지 모두 안다면, 이는 이미 맹자 그 사람이 아니겠는가?" 하고 말이다. 이를 확대하면 천지만물을 꿰뚫어 보듯이 안다면 천지만물을 관통하는 것이다. 이른바 활연관통豁然貫通!

주자의 공부는 그런 것이다. 공부 따로, 몸 따로, 우주 따로가 아니다. 공부하여 읽고 쓰고 암송하는 가운데 몸이 통하면서 우주의 이치가 활연관통되는 것, 곧 천지만물과 하나가 되는 것이다. 이것이 주자의 이법理法이다.

천지만물은 음양을 떠나서 존재하지 않는다. 음양이 기氣라면 음양이 되는 까닭은 리理이다. 리는 음양오행이 봄·여름·가을·겨울의 차서를 밟아가듯 순차적으로 진행된다. 봄에 만물은 태어나고, 여름에 만물은 성장한다. 가을에 만물은 수렴하고, 겨울에 만물은 한 점 씨앗으로 응축한다. 이 한 점 씨앗은 다시 다가올 봄에 만물을 낳을 것이다. 한 점 씨앗, 그것은 만물의 유일한 궁극적 본질인 태극太極인 동시에, 모든 사물의 본질이 무로 돌아가 사라져 버리는 본질 없는 한 점, 무극無極이기도 하다. 천지만물은 이 음양의 원리를 감응한 채 광대무변한다.

3. 주자와의 대화에서 길어 올린 것들

지금 『주자어류』의 저본으로 사용하는 것은 남송 때 여정덕黎靖德이 편집·교정하여 펴낸 『주자어류대전』 140권이다. 이 어마무지한 책에는 어떤 것들이 실려 있을까? 간단히 요약하면, 1~13권은 주자 철학의 주요한 개념 해석과 학문 방법에 관한 내용이, 14~92권은 사서와 오경에 관한 내용이, 93~124권은 공자·맹자·주돈이·정호·정이·장재 및 주자 자신과 문인 등 도통道統을 전한 사람들에 관한 내용이, 125~126권은 불교와 도교에 대한 비판과 이단에 대한 배척, 도통의 규명에 관한 내용이, 127~137권은 송대와 역대 군신들에 대한 인물평 및 정치·경제·법제·과거 등 제도에 대한 평론이, 138~140권은 여러 방면의 글을 모은 것과 주희의 문학과 사학에 대한 생각이 실려 있다.

양도 양이지만, 다종다양한 내용으로도 벌써 기가 죽는다. 이 방대한 『주자어류』를 전공자가 아닌 이상 어떻게 읽겠는가. 하여 『낭송 주자어류』는 이 방대한 편제를 압축해서 보여 줄 필요가 있었다. 주자의 핵심사상이 녹아 있되, 어렵지 않게 접근할 수 있는 쪽으로 말이다.

그러기 위해서 나는 시공간을 뛰어넘어 주자의 제자가 되어 직접 대화하고 씨름하였다. 그러는 가운데 주자는 내게 천리天理가 앎에서 몸(마음)으로, 몸에서 우주로 확장되고, 그것은 결국 하나라는 것을 보여 주었다. 그렇게 배치된 것이 아래 다섯 개의 부로 구성한 『낭송 주자어류』다.

1부 '공부법'에는 공부해서 성인 되는 프로젝트의 요체가 들어 있다. 공부의 기본기에서부터 공부하는 순서는 어떠한지, 공부란 무엇인지, 공부가 진보하려면 어떠해야 하는지, 공부 때문에 고민하는 제자들에게 주는 주자의 공부비법이 가득하다. 최고의 호모 쿵푸스(공부하는 인간; 고미숙, 『공부의 달인 호모 쿵푸스』 참조), 주자의 공부가 궁금하다면 1부를 소리 내어 읽고 실천해 보시라.

2부 '독서법'은 책읽기의 수많은 도리들을 말하고

어떻게 책을 읽어야 하는지 제시한다. 책을 읽는 방법에 대해 하나하나 읽고 낭송하다 보면 자신도 모르게 주자가 말한 대로 따라하게 될 것이다.

3부 '앎과 행함'에서는 주자의 공부가 앎은 물론이고, '본연의 성性'을 완전하게 발휘하기 위한 노력과 수양, 실천, 이 모두가 공부라는 것을 말한다. 주자는 그 구체적인 방법으로 '거경'居敬과 '궁리'窮理를 제시한다. 알쏭달쏭 어렵기만 한 주자의 개념들이 제자와의 문답을 통해 점차 드러날 것이다.

4부 '마음의 응시'에서는 주자 우주론의 기초 개념인 리理와 기氣가 존재의 내면에도 흐르고 있음을 말한다. 하여 주자는 그것을 마음의 작용을 규정하는 개념으로 쓴다. 이미 앎과 행함이 모두 공부라는 것을 깨달았다면, 인간의 근원적인 공부는 마음에 있음을 알게 될 것이다. 마음이 조급해질 때나 마음이 어지러울 때 '마음의 응시'에서 아무 단락이나 큰소리로 읽어 보면, 복잡한 마음이 가라앉고 기혈이 뚫리는 경험을 하게 될 것이다.

5부 '우주의 이법'은 그야말로 주자의 우주론에 대한 내용이다. 태극과 음양오행, 리기, 천지만물의 감응에 대한 치밀하면서도 원대한 언설들이 쏟아진다.

자연철학자로서의 주자의 면모가 지금 우리가 알고 있는 주자와 거리가 있어 생경하지만, 리와 기로 세계의 구조를 밝힌 면에서는 독보적이다. 읽다 보면 너무 감응되어 온몸이 저릿저릿해진다.

4. 낭송은 힘이 세다

『주자어류』는 공부공동체의 비전이 담긴 대화록이다. 그 비전은 마땅히 공부해서 성인에 이르는 것이다. 이 눈부신 비전이 사람의 도리이며, 도道이며 길이다. 그 방법을 주자는 자상하게 일러 준다. 선생님, 어떻게 하면 될까요?

"책은 소리 내어 읽는 것을 귀중히 여긴다네. 소리 내어 여러 번 읽으면 자연히 알게 되지. 종이에 써진 것을 생각해 보는 것도 끝내 내 것은 아니니, 오직 소리 내어 읽는 것을 귀중히 여길 뿐이야. 어떻게 그렇게 되는 것인지는 모르겠지만, 몸과 마음의 기가 자연히 합쳐져 팽창하고 발산해서 저절로 확실하게 알게 되는 것이지. 소리 내어 읽어 나가다 보면 얼마 안 가서 깨닫지 못했던 것도 자연히 깨닫게 되고, 이

미 깨달은 것은 더욱 깊은 맛이 난다네."(본문 93쪽)

나 역시 수차례 『주자어류』를 낭송하면서 이와 같은 경험을 한 바 있다. 주자의 말처럼 '소리 내어 읽는 것이 배우는 것'이니 낭송은 공부의 초식이면서 그 어떤 것에도 견줄 수 없는 힘을 가지고 있다.

하여 이 책은 낭송에 맞게 『주자어류』를 새롭게 꾸몄다. 모든 말을 구어체로 바꾸어 스승과 제자 간에 오고가는 대화의 맛을 살렸고, 편집 배열과 구성은 주자를 잘 모르는 초학자들도 쉽게 입문할 수 있도록 쉬운 데서 시작하여 차츰 젖어들게 하였다. 이 또한 주자가 강조한 공부법이기도 하다.

앞에서 말했듯이 주자는 제자들에게 자상한 스승이었다. 『주자어류』에는 제자들에게 하나라도 더 알려 주려는 그의 열정이 곳곳에 묻어 있다. 하여 제자의 질문에 그의 답변은 길어지기 쉬웠고, 다른 이야기로 넘어가기 일쑤였으며, 제자들을 이해시키려는 수많은 예시로 가득하다. 하여 낭송의 묘미를 살릴 수 있도록 한 질문에 하나의 답변에 초점을 맞췄다. 그러는 가운데 질문과 답변을 각색하고 재구성하였으며, 분명한 의미 전달을 위해 중복되는 예시나 첨언들은 과감히 삭제하였다. 『낭송 주자어류』를 소리

내어 읽는 가운데 몸과 마음의 기가 합쳐져 저절로
알게 되고, 몸이 통하고, 우주의 이치가 활연관통되
는 경지를 맛보게 되길 바란다.

처음, 나를 『주자어류』의 세계로 이끌어 준 고미숙
선생님, 그리고 이 책을 만드는 데 많은 덕을 베풀어
준 장주멤버들——강호의 무사 장금, 정밀의 끝판왕
창희 언니, 묵묵히 힘을 실어 준 용재와 시연, 그리
고 해숙 언니——에게 감사를 드린다. 그리고 뵌 적
은 없지만 『주자어류』에 대한 훌륭한 가르침과 번역
으로, 이 책의 작업에 도전할 수 있게 해주신 이승연
선생님과 이주행 선생님, 조원식 선생님, 정갑임 선
생님, 김우형 선생님, 박현주 선생님 등께 깊이 감사
드린다. 아울러 몇 년 동안 함께 공부하고 있는 '감
이당' 식구들에게도 감사의 마음을 전한다.

감이당 공부방 '베어하우스'에서

이영희

1부
공부법

1-1.
공부 때문에 고민하는 제자에게

정밀하게 공부하지 못하는 병의 뿌리는 어디 있나요?

선생이 시거時擧에게 물었다.

"독서는 어떻게 되어 가는가?"

시거가 말했다.

"언제나 대충대충 해서 정밀하게 공부하지 못하는 것이 고민입니다. 선생님, 도대체 이런 병의 뿌리는 어디에 있는 걸까요?"

선생이 말했다. "자네가 공부를 대충대충 하는 것을 알았으면 그것으로 족하네. 병이 거기에 있으니 한층 더 자세하게 공부하면 되겠지. 요즈음 공부하는 사람들은 병의 뿌리 같은 것을 찾아 헤매지만 나는 그들에게 말해 주고 싶네. 머리가 아프면 머리에 침을 놓고 다리가 아프면 다리에 침을 놓지 않는가. 병이 거기에 있으니 거기를 치료하면 되는 것이야. 일부러 다른 곳에서 병의 근본을 찾아 헤맬 필요는 없는 것이지."

사욕은 참으로 극복하기 어렵습니다

제자가 물었다.

"천리天理는 참으로 밝히기 어렵고 사욕私欲은 참으로 극복하기 어렵습니다. 선생님, 저에게 가르침을 주십시오."

선생이 나무라듯 말했다.

"자네는 아무런 노력도 하지 않으면서 어렵다는 말만 하고 있군. 도道는 큰길과 같다고 맹자는 말하지 않았던가? 어찌 알기 어렵겠는가? 다만 사람이 구하지 않는 것을 염려할 따름이야. 자네는 이 도리가 옳다는 것은 알고 있어. 하지만 막상 실행하려 하니 어찌해야 할지를 모르겠다, 어렵다 말만 할 뿐 노력하지 않아. 그러니 그렇게 많은 세월을 덧없이 흘려보낸 것이야. 나는 이것이 참으로 안타깝기 그지없네. 그러니 부디 열심히 노력하게. 자네가 열심히 노력하기만 한다면 자연히 방도가 보일 걸세. 그렇게 되면 어찌 어렵다고 걱정할 필요가 있겠는가?"

기력이 부족한데 어떻게 해야 하나요?

호숙기胡叔器는 자신의 기력이 부족한 것을 고민하였다. 이에 선생은 이렇게 말했다.

"기력이 부족하다면 한결같이 노력하는 수밖에 없네. 기력이 부족하다고 그만둘 수는 없지 않은가? 자네는 의리義理를 사색하는 것이 정밀하지 않더군. 평소에 책읽기도 겉만 핥을 뿐 대상과 하나 되어 정밀하게 생각하려 하지 않네. 자네와 자네의 벗 안경安卿의 결함은 정반대야. 안경은 의리를 사색함이 매우 정밀하지만 전체적인 것을 버리고 되돌아보지 않는다네. 반대로 자네는 자네 스스로 나아가 의리를 생각하려 들지 않아. 막상 사물이 닥치면 어찌해야 할 바를 모르는 것은 사물의 내부까지 철저하게 이해하려 하지 않았기 때문이지. 일테면 시장에 가서 가게를 들여다보니 좋은 물건들뿐인데 내겐 그걸 살 돈이 없는 것과 같은 것일세. 이걸 달리 말하면 책에는 모두 좋은 말뿐인데 자신은 어찌할 방도를 알지 못하는 것과 같은 것이지. 전체적인 것을 보고 정밀하게 사색함은 다만 체體와 용用일 뿐, 이 둘은 하나라네. 사물과 그림자의 관계처럼 어느 한쪽도 떼어서 버릴 수가 없는 것일세. 자네가 만약 아직 확실하지 않다면 어쨌든 지켜보아야 하네. 때가 되어 다시 꺼내어 완미하면 마침내 저절로 알게 될 거야."

숙기가 말했다. "저는 멀리서 왔습니다. 부디 제가 가야 할 길을 가르쳐 주십시오. 돌아가서 스스로 공부하겠습니다."

선생이 말했다.

"자네가 가야 할 길은 지금 가고 있는 바로 그 길이야. 어디에 다른 길이 있겠는가? 도리는 사물 위에 여기저기 흩어져 있을 뿐 한곳에 모여 있는 것이 아닐세. 지금 자네가 가야 할 길은 『논어』·『맹자』·『대학』·『중용』을 천천히 읽는 거야. 만약 『논어』를 읽었는데 도리가 나타나지 않으면 결국 『맹자』에서 도리가 나타날 것이야. 『맹자』의 문제는 『논어』의 문제이기도 하기 때문이지. 그렇다고 해서 『맹자』가 『논어』보다 위라고 할 수는 없네. 『논어』에서 알지 못했던 일을 『맹자』에서 마침내 알게 된 것뿐일세."

숙기가 또 물었다.

"우유優游, 함영涵泳, 용맹勇猛, 정진精進과 같은 말에 대해 가르쳐 주십시오."

선생이 말했다.

"그런 식으로 이름 붙이고 문서를 기안하지 말게. 이제 그냥 실행할 따름이야."

가난해서 학문에 전념할 수 없어요

가난해서 학문에 전념할 수 없다는 사람이 있었다.

선생이 말했다.

"가난은 공부하는 데 아무런 장애가 되지 못하네. 세상에 할 일이 없는 한가한 사람이 어디 있겠나? 일하느라 공부할 시간이 없다고 하지 말게. 하루 24시간 중 언제 여유가 있는지를 보고 두 시간 여유가 있으면 두 시간을 공부하고 15분 여유가 있으면 15분 공부하면 되네. 이런 노력을 오래 지속하다 보면 자연히 달라지네."

어떤 사람이 이 말을 듣고는 선생 곁을 멀리 떠나 있고 책을 얻어 볼 수도 없다고 변명하였다.

선생이 말했다.

"내가 공부한 것을 생각해 보게. 내게 선생이나 친구가 있었겠는가? 나는 나 혼자서 했었네. 내가 처음부터 어떻게 책이 많았겠는가? 역시 스스로 노력하는 수밖에 없었네."

어떤 사람이 말했다.

"선생님은 천재적인 분, 저는 발꿈치도 따라가지 못하겠습니다."

선생이 말했다.

"어찌 그런 말을 하는가? 자신을 어떻게 책망해야 하는지 전혀 모르고 있구먼. 그런 말로 자신을 변호하고 있다는 걸 모르겠나? 그것이야말로 공부하는 데 가장 큰 결함일세."

1-2.
공부의 기본기, 소학

소학의 공부, 대학의 공부

제자가 물었다.

"대학과 소학은 분명하게 두 가지로 구분되는 것이 아닙니다. 소학은 일을 배우는 것이고, 대학은 그 이치를 궁구해서 그 일을 완전하게 하는 것 아닙니까?"

선생이 말했다.

"그것 또한 단지 하나의 일이야. 소학은 부모를 섬기고 어른을 섬기는 것을 배우니, 우선 이것을 직접 터득하는 것이지. 대학은 그러한 바탕 위에 부모를 섬기는 까닭이 무엇이고 어른을 섬기는 까닭이 무엇인지, 그 이치를 찬찬히 궁구하는 것이지. 옛사람들은 어린 자제가 먹고 말할 수 있을 때부터 가르쳤어. 물 뿌리고 쓸고 응대하는 태도에 이르기까지 모두 익혔지. 이렇게 소학에서 이미 익숙하게 마음을 보존하고 길러서 깊고 두터운 바탕을 이루었어. 그 넉넉한 바탕 위에 대학은 조금 광채를 냈을 뿐이야. 그렇게 했으니 한 살 때는 한 살의 공부가 있었어. 그렇게 해서 스무 살이 되면 이미 성인의 자질을 충분히 지니게 되지. 그러니 대학은 거기다 단지 광채를 내는 것일 뿐이야. 다만 지금 자기가 처한 자리에 발을 딛고 행할 뿐이야. 만일 스무 살에 깨치면 그때부터 확고하게 발을 딛고 서서 힘껏 행하면 되는 거야. 서른 살에 깨치면 서른 살부터 그렇게 하면 되는 거지. 가령 팔구십이 되어 깨치더라도 마땅히 그때부터 확고한 생각을 가지고 꼿꼿하게 힘써 공부해 나가면 되는 거야."

작은 것에서부터 공부해 나간다

자신을 완성해야 비로소 다른 것을 완성할 수 있으니, 다른 것을 완성하는 것은 자신을 완성하는 데에 달려 있네. 반드시 자신에서부터 확충해 나가야만 비로소 의리에 부합할 수 있어. 성인은 우선 가까운 곳에서부터 공부해 나가도록 가르쳤지. 예를 들어, 대청과 큰 복도에 물 뿌리고 청소하는 것도, 다만 작은 방을 청소할 때와 같이 하면 돼. 작은 곳을 깨끗하게 청소하였다면 큰 곳도 분명 그러할 것이야. 만약 큰 곳이 그렇지 않다면, 그것은 바로 작은 곳에 마음을 다한 적이 없기 때문이야. 배우는 사람이 가까운 데서부터 공부해 나가지 않는다면, 어떻게 큰 것을 이해할 수 있겠나. 작은 것은 바로 큰 것의 척도라네.

요즘 학문하기가 어려운 것은 사람들이 소학을 익히지 않기 때문이야. 옛사람들이 소학에서 배우는 작은 일 속에는 대학에서 배우는 큰일의 도리가 모두 들어 있지. 대학은 소학의 공부를 확충하고 넓혀 나가는 것일 뿐이야. 원래 어렸을 때부터 공부한 도리는 마음속에 간직되어서 꼭 굽지 않은 기와와 같다네.

옛사람들은 모두 소학부터 배웠으니

옛사람들은 모두 소학부터 배웠기 때문에 커서는 크게 힘을 들이지 않아도 되었네. 예절·음악·활쏘기·말타기·글씨·산수같이 살아가는 데 중요한 것은 이미 다 배웠기 때문이지. 이렇게 기본적인 것을 알고 장성하게 되니 더 이상 이런 것들은 배우지 않고, 이치를 궁구하고 앎을 이루는 공부를 한 것일세. 한데 요즘은 어려서 소학 공부를 놓치기 때문에 부족한 데를 채우고자 해도 참으로 어렵네. 도리에 두루 통하고 뜻이 성실해지고 마음이 바르게 되고 자기에게 절실한 도리를 이해하게 되면, 결국 예절·음악·활쏘기·말타기·글씨·산수 같은 것을 터득하는 데로 돌아오게 된다네. 이들은 마땅히 터득해야 하는 것이고 모두 절실하게 쓰이는 것이지. 그러니 먼저 자신에게 절실한 도리를 이해하지 않고서 약간의 예절과 제도를 공부한다면, 자신과는 아무 상관없는 공부가 될 뿐이야.

소학에서 이미 마음이 저절로 길러지니

옛날에는 소학을 공부하는 가운데 마음이 저절로 길러지니, 장성하게 되면 이미 지닌 성현의 바탕에다 빛을 내고 가꾸기만 하면 그만이었어. 요즘은 소학 공부를 완전히 잃어버렸기 때문에, 우선 경敬을 위주로 몸과 마음을 수렴하도록 해야 비로소 공부가 되지.

소학은 일상을 통해 배우기 때문에, 자연스럽게 마음을 길러서 자기도 모르게 저절로 좋아질 수 있었지. 그렇게 하니 자랄수록 점차 사물에 두루 통달하게 되고 능통하지 못한 일이 없게 되었지. 요즘 사람들은 공부의 기본기는 기르지 않고, 쓸데없이 많은 것을 알려고만 해. 그렇게 백방으로 조처하고 궁리만 하니, 도리어 마음을 해치게 될 뿐이야.

1-3.
공부의 순서

큰 것을 먼저 이해하라

어떤 사람이 물었다.

"공부는 그 각각에 순서가 있는 법이라 하셨는데, 어떤 것이 순서입니까?"

선생이 말했다.

"배울 때는 반드시 큰 것을 먼저 이해해야 하네. 큰 것을 이해하고 나면, 그 안의 작은 것은 저절로 통달하게 되지. 요즘 사람들은 큰 것은 이해하지 못하면서 오히려 소소한 절목만 묻는데, 그렇게 해서는 안 되네.

학문은 반드시 한 번 크게 나아가야 비로소 유익함이 있어. 하나의 큰 것을 확실하게 이해해서 저 수많은 사소한 것들이 하나의 도리라는 것을 안다면, 비로소 시원하게 관통되는 것이야. 사소한 것들도 이해해야 하지만, 큰 것을 확실하게 이해하지 못했다면, 설령 사소한 것을 이해했다고 하더라도 끝내 관통할 수 없어. 그렇다면 저 큰 것이란 어떤 것일까? 그건 세상에는 오직 하나의 도리만이 있다는 것, 하여 학문은 다만 이 하나의 도리를 이해하는 것. 이 점을 분명히 알면, 하늘의 이치와 사람의 욕심, 도리와 이익, 공정함과 사사로움, 선과 악의 분별도 모두 막힘없이 통하게 될 것이야."

먼저 '항상'을 깨달아야

동학들이 인사를 하고 물러간 다음, 선생이 진순陳淳을 불러 이렇게 말했다.

"어찌하여 의심스러운 것을 묻지 않는가?"

순이 말했다.

"요 며칠 스승님의 가르침을 받아 이미 큰 뜻은 이해하였습니다. 고향으로 돌아가 수행하고자 합니다."

선생이 말했다.

"이번에 이별하면 언제 또 보겠는가. 물어보게."

순이 물었다.

"제 자신에 대해서는 이미 깨달은 바가 있습니다. 다

만 '변화'에 대처하는 방법에 관해서는 좀더 가르침을 받고 싶습니다."

선생이 말했다.

"지금 자네는 '항상'을 깨달아야 하네. '변화'에 대해서는 아직 알 필요가 없어. 수많은 '항상'의 도리를 아직 온전히 깨닫지 못했거늘 어찌 '변화'의 도리를 알 필요가 있겠는가? 성현의 말씀에는 많은 도리가 있지. 거기에는 항상 불변하는 법칙에 따라 그때그때 상황에 대처하는 방법도 있네. 그러니 마음을 넓게 가지고 평상심으로 사물을 보게. 평상심으로 사물을 깊숙한 곳까지 꿰뚫어 볼 수 있으면 자연히 '변화'에 대처할 수 있다네. 그렇게 하지 않고 무리하게 하나의 사물에 매달려 '항상'과 '변화'를 추구하려 한다면 오히려 일을 그르치게 된다네."

1-4.
공부, 분명하고 평이한 이치를 아는 것

공부의 기초

도리의 근원을 아는 것이 바로 공부의 기초라네. 일 테면 집을 지으려고 하는 사람은 먼저 집터를 견고하게 다지고 그 위에다 집을 지을 수 있는 것이지. 만약 자신에게 좋은 집터가 없는데 쓸데없이 지금부터 많은 나무를 사서 집을 짓는다면, 결국 남의 땅에 집을 짓게 되는 게 아닌가. 그렇게 되면 자기 자신을 둘 곳이 없게 되니, 설령 집을 지었다 하더라도 아무 집도 짓지 못한 게 될 뿐이야.

천하 도리라는 것은 원래 간단명료한 것

천하 도리라는 것은 원래 간단명료한 것일세. 사람이

거기서 마땅히 해야 할 일은 인욕人欲이 무엇인지 확실하게 밝혀 천리天理로 복귀하는 것, 그렇게 천리를 명명백백하게 하는 것, 이것뿐일세. 그런데 지금 명백한 곳에서 구하지 않고 옆길에서 천리를 구하고자 한다면 설령 약간의 리理를 손에 넣었다 하더라도 그저 그런 것에 불과하네. 요즘 자네들의 악폐는 이런 것이야. 나는 리를 가지고 있지만 다른 사람들은 모른다고. 어찌 그런 일이 있겠는가? 리는 단지 같은 리일 따름이야. 그것을 밝혀 가지 않으면 안 되네. 남들은 할 수 없는데 나는 할 수 있다는 것이 어찌 가당하겠는가? 그건 명백하게 잘못된 것이야.

분명하고 평이한 것에 대해서 안다면

요즘 사람들은 도리가 평이하다고 말하지만, 그 평이한 곳에 이르기가 얼마나 어려운지 모른다네. 비유하자면 글을 쓰는 것과 같아. 기발하게 꾸민 글은 쓰기 쉽지만, 평이하고 담백한 글은 쓰기 어렵지. 그러나 반드시 그 기발하게 꾸민 글에서 벗어난 뒤라야 평이하고 담백한 글을 쓸 수 있다네. 그러니 높고 험난한 곳에서 평이한 곳으로 내려가는 것은 그만큼 어려운 일이야. 옛 습관에 얽매여 있으니 어떻게 그걸 떨쳐 버릴 수 있겠나. 하지만 분명하고 평이한 것을 안다면, 깊고 미묘한 것도 자연히 그 안에 있는 것일세.

평이한 공부, 평이한 이치

성인의 문하에서 행하는 일상적인 공부는 매우 평이하지. 그런데 그 평이한 이치를 밀고 나가면 포괄하지 않는 것이 없고, 관통되지 않는 것이 없어. 그것을 넓게 확충하면 천지만큼 넓고 커질 수가 있는 것이지. 그러니 천지가 제자리를 잡고 만물을 기르는 것은 단지 하나의 리理일 뿐이야.

일관을 이루는 공부

강서江西의 학자들육자(陸子), 즉 육구연(陸九淵) 학파은 한결같이 '자득'自得을 설파하고 '일관'一貫이라는 말을 좋아해. 그들의 생각을 살펴보니 애매한 한 가지 이야기를 골라서 그것으로 상대방을 설득시키려 할 뿐, 실은 도리를 이해하지 못하고 있어. 예컨대 증자는 평생토록 많은 공부를 하였고, 공자도 그가 일마다 사물마다 나아가 많은 도리를 이해하였다고 인정하였지. 허나 결국 '하나'의 도리임을 알지 못할까 염려하였어. 하여 공자는 그에게 일이관지一以貫之의 도리를 말하고 그의 눈을 뜨게 해준 것이야. 증자 또한 공자의 말을 듣고 눈을 뜰 능력이 있었기에 그럴 수가 있었지. 지금 강서의 학자들은 실제로 이런 능력이 없어. 그런데도 그들이 그렇게 말한다면 무엇을 관통한다는 것일까? 언젠가 이런 비유를 한 적이 있네. '일一'은 한 줄의 끈이며 '관통하는 것'은 낱개의 동전 같은 것이니, 반드시 여기에 많은 동전을 쌓아야만 끈으로 연결할 수 있지. 이것이 바로 '일관'이야. 육자의 학이란 이 한 줄의 끈을 찾고 있을 뿐, 연결할 것이 없다는 걸 모르는 걸세. 거기다 그 설이라는 것도 핵심인 독서를 시키려 하지 않고 무턱대고 깨달음을 추구하는 데 있으니 말이야. 이것은 앞에 하나의 관문이 있다면 이 관문을 넘어서기만 하면 그만이라고 하는 것과 같아. 이것은 학자에게 심한 폐해가 되지. 나는 이제 늙어 남은 날이 얼마 되지 않아 논파하지 않으려 했네. 헌데 그렇게 하면 뒷사람들이 오해하여 내 학문도 그와 마찬가지라고 생각할까 염려스럽다네. 그러니 지금 어쩔 수 없이 쓴소리를 좀 해야겠어. 육씨는 단언컨대 이단이야. 단언컨대 곡학이야. 단언컨대 성인의 도가 아니야. 다만 배우는 자가 마음을 가라앉혀 고원한 것을 바라지 않고 평이하고 착실한 것에서 공부할 마음이 되면 저 병폐는 간단히 알 수 있을 것이야.

한 걸음 물러나서 생각한다는 것

제자가 물었다.

"선생님이 말씀하신 대로 경전의 의미를 헤아려 가다 보면, 나중에 공부가 어떤 수준에 이르렀을 때 따로 깨닫는 것이 생기지 않겠습니까?"

선생이 말했다.

"석씨의 타심통他心通: 다른 사람이 마음으로 생각하는 것을 모두 자유자재로 아는 불가사의한 심력을 말한다이라는 것은 없다. 다만 사물의 이치가 어떠해야 하는지 알면 되는 것이지."

다시 제자가 물었다.

"의리를 찾을 때는 그저 마음을 비우고 봐야 한다고 말씀하셨는데, 어떤 것이 마음을 비우는 것인지 모르겠습니다."

선생이 대답했다.

"한 걸음 물러나서 생각해야 하지."

제자는 다음 날 다시 '한 걸음 물러나서 생각한다'는 것의 뜻을 물었다.

선생이 말했다.

"원래 그러한 공부를 한 적이 없다면, 또한 말하기 어려워. 요즘 사람들은 책을 볼 때, 먼저 자신의 생각을 세우고 난 후에 보고, 옛사람의 말을 모두 끌어다가 자신의 생각에 맞추어 넣지. 이것은 단지 자신의 생각을 미루어 넓히는 것일 뿐이니, 어떻게 옛사람의 생각을 알 수 있겠는가. 반드시 한 걸음 물러나야 한다는 것은, 스스로 생각을 지어내지 말라는 것이야. 단지 이 마음을 비워서 옛사람의 말을 앞에 놓고 그들의 생각이 도대체 어디로 향하는지 보는 것이지. 이렇게 마음에 익숙해져야, 비로소 옛사람의 생각을 알 수 있고 크게 진보하게 된다네. 예를 들어 맹자는 『시경』을 설명하면서 '자신의 생각을 작자의 뜻에 맞추어야 시를 이해할 수 있다'고 하였어. 맞춘다는 것은 기다리는 것이야. 길에서 어떤 사람을 기다리는데, 아직 오지 않았을 때는 우선 참고 기다려야 하지. 그러다 보면 나중에 자연히 오는 때가 있게 되지. 그가 아직 오지 않았다고 마음이 조급해져 다시 앞으로 나아가 찾으려 하는 것은, 도리어 '자신의 생각을 작자의 뜻에 맞추는 것'이 아니라 자신의 생각으로 작자의 뜻을 붙잡는 것이지. 이렇게 한다면, 옛사람의 말을 끌어다가 자신의 생각에 끼워 맞추는 것일 뿐이니, 끝내 진전이나 보탬이 없을 것이야."

지금 여기에 마음이 있어야

책을 읽을 때, 마음이 자주 혼란스러워지는 것에 대해 물었다.

"마음은 붙잡기 어려운 법이야. 이러한 병폐를 아는 사람도 일찍이 드물지. 전에 『중용』의 '성실함은 사물의 시작과 끝이니, 성실하지 않으면 사물은 없다'는 구절을 들어 직경直卿에게 다음과 같이 설명해 주었어. 가령 열 구절의 글을 읽을 때, 위의 아홉 구절을 마음에 기억하여 마음이 달아나지 않는다면, 이는 마음이 이 아홉 구절 안에 있는 것이야. 이것이 성실함이고, '그 사물이 있다'는 것이니, 언제나 그 아홉 구절을 활용할 수 있어. 만약 아래의 한 구절에 마음이 있지 않다면 이는 성실하지 않은 것이고, 사물이 없는 것이라네."

도리로 가는 지름길?

학문을 하고 책을 읽을 때는 반드시 번잡함을 참고 세밀하게 생각해서 이해해야지, 절대로 마음을 엉성하게 해서는 안 된다네. 만약 "하필이면 꼭 책을 읽어야 하는가. 본래 지름길로 가는 방법이 있다"고 말한

다면, 이것은 사람을 속이는 깊은 구덩이라네. 아직
도리를 보지 못했을 때는, 흡사 여러 겹으로 된 사물
이 그 안을 계속 감싸고 있는 것과 같아서 곧바로 알
수 있는 방법이 없어. 반드시 오늘 한 겹을 벗겨 내야
또 한 겹이 보이고, 내일 또 한 겹을 벗겨 내야 다시
한 겹이 보인다네. 껍질을 다 벗겨야 비로소 살이 보
이고, 살을 다 벗겨야 비로소 뼈가 보이고, 뼈를 다 깎
아 내야 비로소 골수가 보이지. 엉성한 마음과 대범
함으로는 할 수 없는 일이지.

1-5.
스스로 하는 공부

무엇이든 직접 대결하라

선생이 광廣에게 물었다.

"자네, 여기에 온 지 얼마나 되었는가?"

광이 말했다.

"85일 되었습니다."

선생이 물었다.

"내일 떠나면 안 되겠는가?"

광이 말했다.

"내일 떠나겠습니다."

선생이 말했다.

"의문스러운 점이 있으면 지금 물어보게나."

광이 말했다.

"지금은 없습니다. 공부하다가 의문점이 생기면 그

때 편지를 써서 질문하겠습니다."

선생이 말했다.

"무엇이든 자네가 직접 대결하고 자네 자신이 몸소 생각하며 자네 스스로 갈고 닦지 않으면 안 되네. 책도 자네 스스로 읽고 도리도 자네 스스로 궁구하지 않으면 안 되네. 어쨌든 공부는 자네 스스로 해야 하네. 공부하는 사람이 가장 무서워해야 할 것은 대충대충 하는 것이야. 조금 하고 나서 '이 정도면 됐어' 하고 생각하지 않는 거지. 오늘 한 가지를 알았다면 그것으로 충분하고 오늘 한 가지를 실천했다면 그것으로 좋은 거야. 이렇게 꾸준히 하다 보면 자연히 완전해질 걸세. 그러다 만약 의문이 솟구치거든 스스로 생각해 보게나. 의문이 솟구치는데 모른다고 사람들에게 물어보고 올 테니 기다리라고 할 텐가? 그때 답해 줄 사람이 없다면 그걸로 그만둘 생각인가? 학문은 다른 사람에게 의지하려는 생각이 없어지면 반드시 진보하는 법일세. 나는 다만 길을 안내하는 안내자이며 입회인에 불과하다네. 의문점이 있으면 함께 생각해 볼 따름이야."

사람이라면 마땅히 스스로 해야 하는 일

학문은 현명한 자와 어리석은 자, 어린이와 어른, 귀한 자와 비천한 자의 구별 없이 사람이라면 마땅히 해야 하는 일일세. 가령 성현이 나오지 않아서 수많은 책들이 없고, 수많은 설명들이 없다고 해도, 도리를 이해하려고 하지 않는 것은 말도 안 되는 일이지. 지금 성현의 말씀들이 있고 수많은 글들이 있건만, 도리어 공부하려고 하지 않는다네. 스승과 벗들은 단지 드러내어 밝힐 수 있을 뿐이야. 만약 사람들이 스스로 앞을 향해 나아가지 않는다면, 스승과 벗들이 어떻게 힘을 써 주겠는가!

1-6.
자신에게 절실한 공부

자신에게 절실한 문제를 궁구해야

학문이라는 것은 자기 자신의 절실한 문제를 궁구해
야만 비로소 의미가 있어. 독서는 부차적인 것밖에
되지 않지. 자기 자신 속에 이미 도리가 완비되어 있
으므로 밖에서 더 채워야 할 것은 없어. 그럼에도 성
인이 반드시 책을 읽으라고 사람들에게 가르쳤던 것
은 자기 자신 속에 이 도리가 갖추어져 있더라도 스
스로 그것을 경험해야만 비로소 자신의 것이 되기 때
문이야. 성인이 말씀하신 것은 바로 성인 자신이 일
찍이 경험하였던 것이지. 그러니 성인의 책을 잘 읽
으면, 마치 얼굴을 마주하고 이야기하는 것처럼 그의
생각을 알 수 있다네.

자신에게 무익한 공부란

어떤 사람이 학문하는 것에 대해 물었다.

선생이 말했다. "요즘 사람들은 학문하는 것을 대단한 일로 말하지. 하지만 사람들이 그렇게 말하는 것은 공부가 자신에게 절실하지 않기 때문에 전혀 도움이 되지 않아. 사람들은 줄곧 앞사람들이 말한 것 가운데 공허하고 아득한 것만을 받아들이고 수많은 곁가지들을 함부로 취하니, 고원하고 자신에게 무익한 것만 알 뿐이지. 성인의 수많은 말들은 모두 다 스스로 이해한 것이야. 옛날 사람들은 분명하게 알고 말했으니, 어찌 자신에게 절실하지 않은 것을 말했겠는가. 그러니 글을 볼 때는 우선 정程선생 같은 현명한 선배들이 해설한 것을 위주로 그들은 어떻게 말했는지, 성인의 말은 어떠한지를 살펴보아야 해. 그런 연후에 스스로 그들의 말을 받아들이고 따르며, 절실하게 생각하고 몸소 살펴보아야 해. 그렇게 한다면, 일상생활 가운데 옷 입고 밥 먹고 부모를 섬기고 윗사람을 받드는 것이 모두 학문이라는 것을 알게 될 거야. 만약 그런 것이 자신에게 절실하지 않다면 단지 말에 그칠 뿐이야. 요즘 사람들은 자기의 사사로운 생각에서 몇 마디 말들을 슬쩍 보고서는 곧바로 자기

주장을 내세우고 억지로 말하려고 하지. 이것은 성인에게 내 말의 맥락을 따르라고 하는 것이니 어찌 유익함이 있겠는가? 이와 같은 병폐는 다만 고원하고 오묘한 것만을 말하고, 보기 좋은 것을 가지고 장난치려고만 하기 때문이야."

1-7.
자기 수양을 위한 공부

자기 수양을 위한 공부와 남에게 보이기 위한 공부

배우는 사람에게 중요한 것은 자신의 길을 분별하는 것이야. 자기 수양을 위한 공부와 남에게 보이기 위한 공부의 갈림길을 구별하는 것이지. 자기 수양을 위한 공부는 곧바로 그 사물을 파악하고 스스로 이해하고자 하는 것이네. 그렇게 하지 않고 제멋대로 이해하거나 그럴듯하게 이해하고서 다른 사람에게 자신도 이해했다고 말하는 것은 남에게 보이기 위한 공부라네. 그렇게 하면 설령 충분히 이해했다고 하더라도, 자신과는 아무 상관없는 공부가 되어 버려. 그러니 반드시 이 갈림길을 먼저 이해해야 하네. 만약 이 길을 확실하게 구별했다면 그때 비로소 글을 이해할 수 있게 되지.

자신을 속이는 공부란

배우는 사람은 반드시 자기 수양을 위한 공부를 해야 하네. 이걸 밥 먹는 것에 비유해 보자면 배우는 사람이 조금씩 먹어서 배를 불리는 것이 옳겠는가, 아니면 밥을 문 밖에 펼쳐 놓고, 다른 사람에게 우리 집에 많은 밥이 있다고 알리는 것이 옳겠는가? 요즘 배우는 사람들은 당연히 스스로 해야 할 일을 가지고 다른 사람에게 알리지 못해 안달이지. 또 요즘 배우는 사람들은 고원한 것을 좋아해서, 의리를 마음속에서 대충 생각만 하고 수많은 말들로 펼쳐 내길 좋아하네. 혼인을 할 때도 천명과 인륜에 대해 말을 늘어놓는데, 남자가 장가가고 여자가 시집가는 것은 원래 일상적인 일이 아닌가. 이렇게 하는 데는 흔하고 가까운 것을 꺼리는 마음이 있기 때문에 일상적으로 늘 행하는 일을 치장하고 꾸미려는 것이지. 이런 공부는 자기 수양을 위한 것도, 이익을 구하는 것도 아니야. 단지 명분을 좋아해서 보기 좋도록 꾸미는 것일 뿐이니, 잠시 자신을 속인 것과 진배없네.

자기 자신의 몸으로 궁구해야

책을 읽을 때는 오로지 종이 위에서만 의리를 구해

서는 안 되네. 반드시 돌이켜 자신의 몸에서 추론하고 궁구해야 하지. 진한秦漢 이후에는 이것을 말한 사람이 없었으니, 역시 언제나 책에서만 구할 뿐, 자기 자신의 몸으로 이해하지 않았어. 자신이 아직 깨닫지 못한 것을 성인은 먼저 책에서 말하였지. 그러니 다만 성인의 말에 의거하여, 이를 단서로 자신의 몸에서 추론하고 궁구해야 된다네.

책만 읽고 이해할 뿐이라면

어떤 사람이 책 읽는 공부에 대해서 물었다.

선생이 말했다. "세상의 어떤 부류의 사람들은 책에서 이해할 필요가 없다고 말하는데, 이렇게 말하면 정말 안 된다네. 그러나 항상 책에서만 이해할 뿐, 자기 자신의 몸에서 체득하지 않는다면, 이것 또한 아무런 도움이 되지 않지. 인·의·예·지에 대해 말한다면, 자네 스스로 어떻게 해야 인인지, 어떻게 해야 의인지, 어떻게 해야 예이고, 어떻게 해야 지인지를 생각해 본 적이 있는가? 그러니 반드시 자기 자신의 몸에서 체득해야 한다네. '배우고 때때로 익힌다'는 구절을 읽을 때, 스스로 어떻게 배웠는가, 어떻게 익혔는가를 생각해 본 적이 있는가? '또한 기쁘지 아니한가'라는 구절을 읽을 때, 스스로 어떤 것을 기뻐했는가를 안 적이 있는가? 세간의 어떤 교설에서는, 책을 읽을 필요도 없고, 이해할 필요도 없으며, 따로 저절로 아는 곳이 있고 깨닫는 곳이 있다고 하지만, 이렇게 말해서는 안 되네. 단지 그렇게 책만 읽고, 그렇게 이해만 할 뿐이라면, 무슨 보탬이 있겠는가!"

1-8.
공부가 진보하려면

크게 의심하면 크게 나아간다

원래 공부란 이치를 끝까지 좇아 들어가다 주위가 캄캄해지고 더 이상 들어갈 길이 없어졌을 때 비로소 진보하는 것일세. 크게 의심하면 크게 나아가니 내 질문의 크기가 공부의 진보를 결정하는 셈이지. 만약 조금 진보했다고 "나는 이미 도달했다"고 해버리면 크게 진보했다고 할 수 없어. 안회도 공자를 보고 찬탄했다네. "우러러보면 더욱 높고, 뚫으려 하면 더욱 굳세며, 뒤돌아보면 어느새 뒤에 계시다"고 말이야. 마침내 그는 스승을 따르고자 하여도 이미 따라갈 수 없음에 절망했다네. 그런데 말일세. 안회가 그렇게 절망했음에도 불구하고, 그처럼 도저히 나아갈 곳이 없는 곳까지 도달하려고 한 뒤라야 진보했다고 할 수 있지 않겠나.

마음을 여기에 있게 하라

요즘 학자들이 진보하지 않는 것은 단지 마음이 여기
에 있지 않기 때문이야. 지금도 기억하고 있지만, 젊
은 시절 동안同安에 있을 무렵 밤에 종 치는 소리가 들
렸어. 그 종소리가 아직 귓가에 맴돌고 있는데 마음
은 이미 어딘가로 가 버리고 없었지. 문득 정신을 차
리고 나니, 학문을 하기 위해서는 "마음을 온전히 하
고 뜻을 다해야 한다"는 말이 무슨 의미인지 그때 처
음 깨달았네. 사람에게 올바른 상념이 있는 것은 분명
하지만, 거기서부터 또 다른 작은 상념이 서서히 퍼
져 나가지. 그러니 정신을 차리지 않으면 안 된다네.

무엇이든 다 배우라

도리는 모든 사물에 이르고 모든 사물에 존재하는 것
이지. 일테면 예禮·악樂·사射·어御·서書·수數의 육예
에서부터 사람살이에서 만들어지는 무수한 예절에
이르기까지. 이것을 체득하고 완전히 숙달했을 때 도
리는 거기에 있네. 또 율력과 법률, 천문과 지리, 전쟁

과 관직 같은 것도 모두 알아야 해. 아직 그 세밀한 곳까지 통효하지 못했다 하더라도 전체적인 틀이나 대략을 알아야만 비로소 도리가 구석구석까지 통할 수 있지. 만약 작은 것만 지키고 작은 것에만 매달려 큰일을 무용한 것으로 생각한다면 잘못 생각한 것이야. 그렇게 이해해서는 오직 집안일밖에는 모르게 되니 집 밖의 일은 어떻게 처리할 수 있겠나. 그러므로 성인은 사람들에게 넓게 배우도록 가르쳤던 것이야. 자네가 넓게 배우고 깊이 물으면, 삼가 생각하고 밝게 분별하며 독실하게 행하게 되지.

공자는 이렇게 말씀하셨어. "나는 태어나면서부터 안 사람이 아니다. 옛것을 좋아하고 부지런히 추구했을 뿐"이라고. 성인 역시 하나하나 이해하고 공부하지 않는 것이 없었다네. 배울 때는 무엇이든 배우고 이해할 때는 하나하나 이해하라는 것. 무릇 사물이라는 것은 이해하는 방법이 세밀하지 않아도 대략이라는 것이 있지. 비록 상세한 것을 모른다고 하더라도 그렇게 하다 보면 근본이 자신에게 보이게 된다네.

내일을 기다리지 않고 곧바로 착수하라

요즘 사람들은 공부할 때 곧바로 착수하려고 하지 않

고, 늘 기다리려고 하지. 오늘 아침에는 일이 있고 낮에는 일이 없다면 낮에 바로 착수하면 되지. 낮에 일이 있다면 저녁에 바로 착수하면 되는데도 반드시 내일을 기다리려고 해. 이번 달에 아직 여러 날이 남아 있는데도 다음 달을 기다리고, 올해 아직도 여러 달이 남아 있는데도 불구하고 "금년은 얼마 남지 않았으니 내년에 해야겠다"고 말한다네. 그렇게 공부한다면 어떻게 진보하겠는가.

앞뒤를 돌아보지 말고 목숨 걸고 하라

성인의 말씀은 단지 모두 이 마음을 다잡는 일을 말한 것이야. 반드시 이 마음을 다잡아서 용맹하게 떨쳐 일어나고, 목숨을 걸고 해 나가야 해. 만일 양쪽에서 진군의 북소리가 울린다면, 앞이 어떤지 묻지 말고, 오로지 주먹을 쥐고 기꺼이 나아가야만 해. 그렇게 해야 비로소 공부가 되었다고 할 수 있지. 만약 하는 둥 마는 둥 하거나, 하다가 그친다면 무엇을 이루겠는가. 그러니 항우項羽가 조趙나라를 구할 적에 한 것을 새길 필요가 있네. 그는 강을 건너고 나서 배를 가라앉히고, 가마솥을 부숴 버리고, 사흘 치의 식량만 남겨 두어 군사들에게 죽을 각오와 돌아갈 마음이 없음을 보였지. 그랬기 때문에 항우는 진秦나라를 쳐부술 수 있었어. 만약 앞뒤를 돌아보았다면 아마 해내지 못했을 것이야.

전력을 다해 물러나지 말라

학문을 할 때는 반드시 전력을 다해 삿대를 잡아야 해. 공부가 중단되려고 하면 더욱더 전력을 다해 물러나지 말아야 비로소 진보가 있네. 학문하는 것은 강물을 거슬러 올라가는 배를 위로 버텨 주는 것과 같아. 평온한 곳에서야 얼마든지 나아갈 수 있지. 그러나 여울이나 급류에 이르게 되면 사공은 삿대를 위로 밀면서 힘을 늦추어서는 안 되네. 반드시 전력을 다해 위로 버텨서 한 걸음이라도 늦추어서는 안 되네. 한 걸음이라도 물러나면, 배는 거슬러 올라가지 못할 것이야.

글이 하나의 덩어리로 보이지 않는다면

배우는 사람이 처음 글을 볼 때는, 다만 뒤섞인 하나의 덩어리로만 보일 뿐이라네. 오랫동안 두세 개 부분으로 보다가 십여 개 부분으로 보게 되어야, 비로소 크게 진보한 것이지. 예를 들어 포정庖丁이 소를 잡을 때, 소가 전체로 보이지 않는다는 것이 바로 이런 것이야.

끝까지 물고 늘어져 크게 무찔러라

배우는 사람이 책을 읽을 때는 맛을 느끼지 못하는 곳에서 끝까지 생각해 보아야 한다네. 여러 가지 의심이 생겨서 자고 먹는 일을 모두 잊어버려야 공부가 급진보하게 되지. 만약 어떤 때는 나아가다가 어떤 때는 후퇴하면서 하는 둥 마는 둥 한다면 도움이 되지 않아. 예컨대 전쟁을 일으켜서 서로 싸울 때 반드시 한바탕 크게 무찔러야 비로소 훌륭한 승리가 되듯이, 학문하는 요체도 이와 같은 것이야.

한바탕 맹렬히 뒤섞여라

글을 볼 때는 반드시 그 속으로 들어가서 한바탕 맹렬히 뒤섞여야 한다네. 그렇게 투철해져야 비로소 벗어날 수가 있는 게지. 만약 대략으로만 보고 지나가면 아마도 끝내 벗어날 수 없을 것이야.

나의 마음에서 나온 것같이 된 후에도 의심하라

대체로 책을 볼 때는 반드시 숙독하여 그 말이 모두 나의 입에서 나온 것같이 해야 하네. 그러다 그 의미가 모두 나의 마음에서 나온 것같이 한 후에야 얻을 수 있지. 그렇게 숙독하고 정밀하게 생각하여 이미 깨달은 후에도, 다시 여기에 그치지 않을 것이라 의심해야만 비로소 진보하게 된다네. 만약 여기에 그친다고 생각하면, 끝내 진보하지 못할 것이야.

1-9.
공부해서 성인에 이른다

사람의 소임은 성인이 되는 것

"무릇 사람은 반드시 성인이 되는 것을 소임으로 삼아야 하네. 세상 사람들은 대부분 성인을 높다고 여기고, 자신은 낮추어 보기 때문에 나아지려고 하지 않는 걸세. 모르긴 해도 성인은 본래 높고 자신은 다른 종류의 사람이라면, 밤낮으로 쉬지 않고 힘쓰는 것은 내 분수 밖의 일이기 때문에 해도 그만 안 해도 그만인 것이지. 그런데 성인이 품부받은 본성은 보통 사람과 꼭 같다네. 성인이 보통 사람과 같다면, 어찌 성인이 되는 것을 자기의 소임으로 삼지 않을 수 있겠는가? 세상이 열린 이래 많은 사람이 태어났지만, 자기를 완전하게 이루고자 하는 사람은 천 명이나 만 명 가운데 한두 사람도 안 되고 대부분은 휩쓸려 한 평생을 헛되이 보낼 뿐이야. 『시경』에는 '하늘이 백성을 내시니, 사물이 있으면 준칙이 있다'고 하셨어. 요즘 배우는 사람들은 사물은 있지만 자기의 준칙을 다하지 못하는 경우가 많아. 사람의 본성은 본래 선하지만, 즐기고 좋아하는 것에 미혹되고 이익을 좇기 때문에 하나같이 어두워진다네. 성인은 그 본성을 다할 수 있기 때문에 그 누구보다도 귀와 눈이 밝고, 자식으로서는 효도가 극진하고, 신하가 되면 충성이 지극한 것이지."

제자가 물었다.

"본성 밝히는 것은 반드시 경敬으로써 해야 합니까?"

선생이 말했다.

"참으로 그렇지. 경도 모호하게 말만 해서는 안 되고, 반드시 매사에 점검해야 해. 그 핵심을 논한다면 다만 자신의 마음을 버려두지 않는 것이지. 대체로 자기 수양을 위한 공부는 다른 사람과는 전혀 관계가 없지. 성인의 수많은 말은 사람들이 원래 가지고 있는 것을 돌이켜서 자신의 본성을 회복하도록 한 것이야."

세속의 학문과 성인의 학문

세속의 학문이 성인의 학문과 다른 것은 쉽게 알 수

있지. 성인은 곧바로 진실되게 행한다네. 마음을 올바르게 하는 것에 대해 말하면 곧바로 마음을 올바르게 하고, 뜻을 성실하게 하는 것에 대해 말하면 곧바로 뜻을 성실하게 하고, 몸을 닦고 나라를 다스리는 것에 대해서도 모두 그렇게 한다네. 요즘 배우는 사람들은 마음을 올바르게 한다고 말하면서, 다만 입으로만 읊조릴 뿐이야. 몸을 닦는다고 말하고는 성인이 말한 수많은 말들을 암송할 뿐이지. 그렇지 않으면 성인의 말들을 주워 모아 시류에 따르는 글을 짜깁기하지. 이렇게 공부하면 자기 자신과 무슨 상관이 있겠는가? 요즘 함께 공부하는 벗들은 진실로 성인의 학문을 즐겨 듣지만, 끝내 세속의 고루함을 벗어나지 못하니, 그 까닭은 다른 데 있는 것이 아니야. 단지 뜻이 서지 않았기 때문이지. 배우는 사람은 뜻을 세우는 것이 가장 중요한데, 학문을 하고자 한다면 성인이 되고자 하는 것이 바로 그것일세.

성인의 공부

예부터 천하 사정에 어두운 성인도 없었고, 산천의 형세와 역사의 치란흥망하는 변화를 모르는 성인도 없었으며, 문을 닫고 홀로 앉아 있는 성인도 없었다네. 성인은 모르는 것이 없고 할 수 없는 일이 없었지. 예컨대 무왕은 기자에게 위대한 규범인 홍범洪範을 말해 달라고 했어. 그것은 그가 몸소 본 것, 들은 것, 말한 것, 생각한 것에서부터 하늘[天]과 사람의 관계에까지 미치지 않는 것이 없었기 때문이지. 무왕의 물음에 기자는 차례대로 홍범을 말했어. 사람의 일에는 여덟 개의 정치가 있고 하늘의 시간에는 다섯 개의 법칙이 있으니 의심스러운 것은 점을 쳐서 생각하고 정치의 좋고 나쁨은 여러 가지 징후로 검증하라고. 거기에는 나라를 내 몸의 연장으로 보는 자세가 있는데 이것은 성인의 큰 틀로서, 천지자연의 법도로서 세상을 본 것이야.

안과 밖을 빠짐없이 포괄하는 것이 유자의 공부

광이 말했다.

"음양이나 조화라는 광대한 것에 이르기까지 모두 '마땅히 그러해야 할 것으로서 어쩔 수 없는 것'[所當然]이고, 이른바 태극이라고 하는 것은 '그러한 까닭으로서 바꿀 수 없는 것'[所以然]이네요."

선생이 말했다.

"그렇지. 사람은 내면 깊숙이 들어가 이 도리와 씨

름하지 않으면 안 된다네. 하지만 씨름하여 깊은 곳에 도달하면 쉽게 선禪과 같은 것이 되어 버리지. 요즘 선학을 하지 않는 자는 전혀 깊은 곳에 도달하지 못하고, 깊은 곳에 도달하면 반드시 선 쪽으로 치달아 버리지. 마치 회하淮河의 강변에 서 있으면 자신도 모르는 사이에 오랑캐의 경계로 들어가 안주하게 되는 것과 같아. 학문을 하는 데는 반드시 환하게 깨달을 때까지 사방팔방의 것과 씨름하지 않으면 안 된다네. 게다가 안을 향해 씨름하지 않으면 안 되지. 이것은 마치 과일을 먹는 것과 같아. 먼저 껍질을 벗겨서 속을 먹고 또 한가운데 씨까지 씹어 먹어야만 비로소 좋다고 할 수 있어. 만약 씹어 보지 않으면 속에 더 맛있는 것이 있는지를 모르지. 껍질을 벗기지 않아서도 안 되지만 껍질만 벗기고 속의 씨는 아무래도 상관없다고 해서도 안 되네. 그렇게 해서는 궁극적인 곳까지 도달할 수가 없어. 그렇기 때문에 『대학』의 도는 '격물치지'格物致知에 있는 것이야. '격물'이란 사물의 리理에 따라 각각 그 극치까지 궁구하는 것이야. 만약 속에 들어 있는 씨를 아직 부수지 못했다면 그 극치를 아직 궁구하지 못한 것이지. 지금 사람들은 바깥의 '천지조화의 리'에 관해서는 몰두하지만, 내 안 한가운데 씨는 아직 부수지 못했어. 그러니 몰두하였던 것이 모두 바르다고 할 수 없어. 결국 극치를 궁구할 수도 없는 것이지. 호오봉胡五峰: 호굉(胡宏). 호남학파의 대표적인 사상가은 '몸소 궁구[格]하여 그 앎[知]을 정밀하게 한다'고 했을 때, 이 '치'致자의 안으로 향하는 뜻은 파악했지만 바깥의 많은 일들을 잊어버릴 염려가 있었어. 나라면 결코 그렇게 말하지 않았을 것이야. 반드시 안과 밖, 본과 말, 숨은 것[隱]과 드러난 것[顯], 정밀한 것[精]과 거친 것[粗], 이것들을 하나하나 빠짐없이 포괄하는 것이 유자의 공부라네."

1-10.
공부의 기쁨

자신도 알지 못하는 사이에 손이 춤추고 발이 춤춘다

제자가 물었다.

"옛사람들은 노래를 부르고 춤을 추면서 피의 흐름을 원활하게 하고 정신을 유통시키는 데까지 이르렀습니다. 헌데 지금 우리에게는 그런 것이 없습니다. 오직 의리에 따른 탐구뿐입니다. 이런 것으로는 기쁨을 느끼기 어렵지 않을까요?"

선생이 말했다.

"그것은 자네의 생각이 아직 무르익지 않았기 때문이야. 만약 의리가 마음 구석구석까지 스며들도록 잠자코 지켜본다면 반드시 기쁨이 생길 게야. 자네가 책을 읽고 의리를 생각할 때에는 가슴을 활짝 펴고 머리가 개운하고 기분이 상쾌해지도록 해야 하네. 자네처럼 그렇게 답답해해서야 의리를 탐구했다고 할 수 있겠는가? 그렇게 처음부터 효과를 구해서는 안 되네. 효과를 원하다 보면 그것에 집착하게 되고 나중에는 가슴속에 응어리가 생겨 없어지지 않는다네. 가슴속은 언제나 느긋하고 넓게 가져야 해.

어쨌든 지금은 자네가 보기에 재미없는 일은 하지 말고 자네에게 기쁨을 주는 일을 하게. 기쁨을 주는 일을 하다 보면 마음을 집중하게 되고 그렇게 하다 보면 마음이 정밀해질 거야. 마음이 정밀해지면 무르익게 되지. 그렇게 마음을 착실하게 길러서 언제나 명료하게 깨어 있도록 하고 방종하지 않도록 하게나. 그때서야 의리는 자네 가슴속에서 자라나게 될 거야. 의리는 의리로서 저만치 있고, 자네는 여기에 따로 있는 것이 아니야. 저 편의 의리를 내 안으로 끌어들여 자네의 혈육 속에 융화시켜 보게. 자네가 알지 못하는 사이에 손이 춤추고 발이 춤추게 될 것이야. 이것이 바로 학문을 함양涵養한 것이고, 체인體認한 것이고, 체험한 것이야. 그 기쁨을 어디에 견줄 수 있겠는가. 이렇게 학문을 연구할 때도, 사람을 대할 때도, 의리를 생각하고 의리에 따라 하도록 하게."

닭이 알을 품듯 중단하지 말고 나아가면

학문할 때 만약 들어가는 입구를 모른다면, 서둘러서도 안 되고 미루어서도 안 되네. 만약 입구를 알았다면 중단하지 말고 나아가야 하네. 지금 중단했다가 다시 새로 정돈해서 하려면 힘이 얼마나 낭비되겠어. 예컨대, 닭이 알을 품을 때 따뜻한 기운이 느껴지는 건 항상 그렇게 품고 있었기 때문이야. 만약 뜨거운 물로 데운다면 바로 죽어 버릴 것이고, 품기를 그만두면 바로 싸늘하게 식어 버리겠지. 그러니 진실로 들어가는 길을 알면, 저절로 그만두지 못하고, 스스로 공부하고자 하니, 저절로 맛을 알게 될 거야. 이는 마치 과일을 먹는 것과 같아서 맛을 모를 때는 먹어도 그만, 안 먹어도 그만이지만, 맛을 알게 되면 그만 먹으려 해도 저절로 그만둘 수가 없게 되는 것이지.

2부
독서법

2-1.
책을 읽어야 하는 까닭

수많은 도리를 경험하는 책읽기

책을 읽는 것은 배우는 사람의 두번째 일이야. 생각건대 사람은 태어날 때 도리를 완전히 갖추고 있지. 그런데도 책을 읽어야 하는 까닭은 많은 도리들을 아직 경험하여 알지 못했기 때문이야. 성인은 많은 도리를 경험하여 알았기 때문에 책에 써서 사람들이 다 볼 수 있게 하였다네. 지금 책을 읽는 것은 오로지 많은 도리를 알려는 것일 뿐이야. 이해하고 나면, 그것들은 모두 자기에게 원래 있었던 것이지, 밖에서 첨가된 것이 아니라는 걸 알게 되지.

이 마음을 유지해 주는 책읽기

사람이 항상 책을 읽는다면, 이 마음을 다스려 항상

간직할 수 있을 것이야. 장횡거張橫渠는 다음과 같이 말했어.

"책은 이 마음을 유지해 주는 것이다. 한순간 책을 내려놓으면, 그 순간 덕성에 나태함이 생긴다. 그러니 어떻게 책읽기를 그만둘 수 있겠는가!"

가슴속이 훤히 밝아지는 책읽기

배우는 사람이 책을 볼 때 대부분 마음이 딴 데로 달아나는 것은 근본에서의 공부가 아직 정돈되지 않아서일 거야. 다만 어지럽고 혼란한 마음으로만 책을 보고, 침착하고 안정된 마음으로 본 적이 없기 때문일 걸세.

노소老蘇는 자신이 글쓰기를 배웠던 것에 대해 술회하면서, 옛사람의 글을 가지고 읽을 때, 처음에는 그들이 말하고 생각한 것이 자신과 매우 다르다고 느꼈다네. 헌데 옛사람의 글 읽기가 오래되고, 더욱 치밀하게 읽게 되자, 가슴속이 훤히 밝아져서 그들의 말이 당연한 것 같았다고 해. 이것은 그가 글쓰기 공부에서 깨달은 것이 있었던 것이지. 이것을 책읽기에 비유할 수 있으니, 책을 읽는 공부도 마땅히 이러해야 한다네.

병을 치료하는 책읽기

"요즘 사람들은 책을 읽을 때, 대부분 자기 자신의 절실한 곳에서 몸소 살피지 않고, 다만 책에서만 보고 글의 뜻을 설명하고는 그치지. 이렇게 한다면 무슨 일이 되겠는가. 자로가 '하필 책을 읽은 뒤에야 학문을 하는 것이겠습니까?'라고 묻자, 공자는 '그래서 나는 말 잘하는 사람을 미워한다'고 했지. 옛날 사람들도 반드시 책을 읽어야 했어. 다만, 옛날 사람들이 책을 읽은 것은 장차 도를 구하기 위해서였다네. 그렇지 않다면 읽은 것을 어디에 쓰겠는가? 요즘 사람들은 도리는 이해하지 않고, 이것저것 섭렵해서 해박한 것을 능사로 여기니 도학道學과 속학俗學의 구별이 생겨났지."

이어서 책상 위에 있는 약봉지를 들어 올리면서 말씀하셨다.

"약을 조제하는 것은 곧 병을 치료하려는 것이니, 약을 보기만 해서는 안 되지. 그렇게 한다면 병에 무슨 도움이 되겠는가. 글이 많을 때는, 보기도 어렵고 기억하기도 어렵지. 일단 이해한 것을 몸으로 체득한다면, 이해하기도 쉽고 실천하기도 쉬워진다네. 경전을 해설하는 것은 어쩔 수 없는 일이지만, 만약 주석

과 해설만으로 설명한다면 장차 무슨 도움이 되겠는
가. 이는 화공이 어떤 사람을 그리는 것과 같다네. 화
공은 그 사람을 알고 있지만, 다른 사람들은 그를 알
지 못하니 반드시 그 그림에 의지하여 그 사람을 찾
을 수밖에 없어. 그러나 그 그림이 바로 그 사람이라
고 할 수는 없지 않은가."

2-2.
책을 읽는 순서

책을 읽을 때는 처음에『대학』을 읽어 큰 틀을 정하고, 다음에『논어』를 읽어 근본을 세워야지. 그 다음에『맹자』를 읽고 그 정신이 고양되는 것을 보고, 그런 뒤『중용』을 읽어 옛사람의 깊은 곳까지 궁구하기를 나는 바랐다네.『대학』은 순서와 차례가 있고 그것이 책 속에 통일되어 있으니 이해하기 쉽지. 그러니 먼저 읽어야 해.『논어』는 구체적이지만 말이 산재해 있으니 초심자가 읽기는 어렵다네.『맹자』는 사람의 마음을 고무하고 격려하는 곳이 있지.『중용』은 이해하기 어려우니 세 권을 다 읽은 다음, 맨 나중에 읽어야 해.

2-3.
곡해하게 되는 책읽기

자신의 생각에 맞추려다 저지르는 곡해

이경자李敬子: 이번(李燔)가 (『대학』의 한 구절에 대해) 물었다.

"'그 뜻을 참되게 한다는 것은 스스로를 속이지 않는 것이다'의 주註에 선생께서는 이렇게 말씀하셨어요. '밖을 선하게 한다고 해도 그 안에 실은 여전히 선하지 못함이 섞이는 것을 면할 수 없다'고요. 제 생각에는 '밖을 선하게 한다고 해도 그 안에 실은 여전히 선하지 못함이 섞이는 것을 용인하였다'라고 고치고 싶어요. 선생님, 어떨까요? 이렇게 말씀드리는 건 '선하지 못함이 섞이는 것'은 그때 사람들이 몰랐던 게 아니라, 알고 있었고 또 분명하게 용인하고 있었기 때문에 이를 '스스로 속인다'고 한 것이 아닐까요?"

선생이 말했다.

"알고 있었고 그것을 분명히 용인하고 있었던 것이 아니라 어찌할 도리가 없어서 '스스로를 속일' 수밖에 없었던 것이야. 자네는 처음부터 곡해해 버려 오직 '용'容이라는 말만 하고 있지만 그건 그런 것이 아니야. '용'은 두번째 단계에서의 일이지. 스스로 어찌할 방도가 없기에 그래서 용인하는 것이야. 자네는 이 절의 뜻을 전혀 이해하지 못하고 있어. 억지로 자신의 생각에 맞추려 했기 때문에 곡해하게 된 거야. '스스로를 속인다'는 것은 오직 자신의 '분수'分數가 부족한 것이야. 예를 들면 순도가 낮은 금을 금이라 할 수 없는 것은 아니지. 그것은 단지 분수가 부족할 뿐이야. 만약 선을 행하는 경우에 8할만 하자고 생각하여 나머지 2할을 행하지 않았다면 그것이 바로 '스스로를 속이는' 것이지. 스스로 그 '분수'를 빠뜨렸기 때문이야."

2-4.
독서의 참맛

『논어』를 읽을 때면 『맹자』는 존재하지 않는다

독서는 도저히 버리고 떠날 수 없을 때까지 읽어야만
비로소 참맛을 알 수 있다네. 만약 몇 번 읽고 대강 그
뜻을 알았다고 하며, 벌써 싫증이 나서 다른 책을 읽
고 싶은 마음이 든다면 아직 그 책의 재미를 알지 못
한 것이야.

예전에 내가 책을 읽을 때에는, 『논어』를 읽을 때
면 『맹자』는 존재하지 않았고, 「학이」 편을 읽을 때
면 「위정」 편은 존재하지 않았어. 오늘 한 단락을 읽
고, 내일 또 한 단락을 읽는 방식으로 한결같이 읽어
서, 이제 더 이상 읽을 곳이 없을 때가 되어서야 비로
소 새로운 단락으로 옮겨 갔지. 이렇게 읽어 가다 보
면 자연히 통찰력이 생겨서 도리가 마음 구석구석까

지 스며들어 오게 되네. 그때는 속도가 느려도 하나를 마칠 때마다 하나를 완전히 이해하는 식이지. 그러다 보면 마침내 모든 것을 이해할 수 있는 때가 오는 것이야. 만약 저것도 대충대충, 이것도 대충대충 하면 쓸데없이 수많은 책을 읽는다 해도 어느 것 하나 제대로 읽은 것이 없고, 날은 저물고 길은 멀어서 마음만 조급해질 뿐 결국 아무것도 이루지 못하게 된다네.

옛날에 연평延平: 이통(李侗). 주자가 불교에 빠져 있을 때 유학으로 다시 이끈 스승 선생을 뵈었을 때 선생은 이렇게 말씀하셨네. "문장과 씨름할 때에는 하나를 '융석'融釋하고 나서 비로소 다른 것으로 옮겨 가거라." 이 '융석' 두 자는 매우 뛰어난 표현인데, 이것은 이천伊川 선생이 말씀하신 "오늘 한 건을 궁구하고 내일 또 한 건을 궁구하여 궁구한 것이 많아지면 자연히 관통할 수 있는 곳이 있다"는 것과 같은 의미라네. 이것도 연평 선생 자신이 몸소 경험한 것이었기에 이처럼 명석하게 말할 수 있었던 것이야. 지금 만약 한 건이 아직 '융석' 되지 않았는데 다시 다른 한 건을 궁구하고자 한다면 그 두번째 또한 완전히 이해할 수 없게 되네. 그런 식으로 계속 하다가는 아무것도 제대로 되지 않을 뿐 아니라 결국 아무것도 이룰 수 없을 것이야.

마음을 비우고 대상에 순응하라

책을 읽을 때에는 반드시 마음을 비우지 않으면 안 된다네. 성인이 하신 말씀에는 한 자에는 한 자만큼 의 무게가 있어. 자신은 다만 마음을 평온하게 가지 고 약간의 어긋남도 없이 받아들여야 하니 조금이라 도 대충대충 해서는 안 되며 그저 따를 뿐이지. 나도 예전에는 근거 없는 이야기를 했는데 결국 아무것도 이루지 못했다네. 이제 처음으로 확실하게 알게 되었 지. 성인의 한 마디 한 구절은 자신을 속이지 않는다 는 것을 말이야. 나는 지금 예순한 살이지만 이제야 이렇게 알게 되었으니, 만약 작년에 죽었더라면 헛된 죽음이 되었을 것이야. 올 여름 이후의 일이지. 성인 이 한 말은 한 글자도 줄여서는 안 되고 한 글자도 늘 려서는 안 되며, 꼭 맞아서 약간의 억측도 필요 없다 는 것을 알게 된 것이야. 장자莊子가 "나는 마음을 비 우고 순응하였다"라고 하였는데, 이는 마음을 비우 고 대상에 순응해 가는 것이지. 지금은 일단 자네에 게 하나의 보기로 말하였지만 언젠가 때가 되면 자연 히 할 수 있을 것이야. 요즘 사람들은 대체로 가슴을 꽉 채우고 있는 것이 있고 재능도 많이 가지고 있으 니 어찌 쉽게 비울 수가 있겠는가? 대단히 어려운 일 이지.

물을 잘 주는 농부처럼 충분히 적셔지게 읽는다

대체로 책을 읽을 때는 반드시 숙독해야 하네. 숙독하고 나면 자연히 정밀하고 익숙해지지. 그렇게 정밀하고 익숙해지면 이치는 저절로 알게 된다네.

농부가 농장에 물을 줄 때, 물을 잘 주는 농부는 그 채소와 과일나무에 따라 하나하나 물을 준다네. 물을 주는 것이 충분하면, 흙과 물이 서로 섞여서 작물은 싱싱해지고 저절로 성장해 가지. 물을 잘 주지 못하는 사람은 바쁘고 급하게 일을 처리하지. 물을 한 지게 지고 와서는 농장의 모든 채소에 한꺼번에 물을 준다네. 남들은 그가 농장을 가꾸는 것으로 보겠지만, 작물은 충분히 적셔진 적이 없을 거야.

그러니 독서의 도란, 노력하면 할수록 효과를 더 많이 거둔다네. 먼저 책 한 권을 공부하는 데 많은 힘을 썼다면, 나중에는 많은 힘이 필요 없을 걸세. 처음에 책 한 권을 공부하는 데 10할의 힘을 썼다면, 나중에는 그 책에서 팔구할을, 그 다음에는 육칠할을, 다시 그 뒤에는 사오할의 힘을 쓸 것이야.

나이에 맞는 책읽기

대체로 학문하는 데는 나이의 많고 적음에 차이가 있

지. 나이가 적으면 정력이 남아돌기 때문에 반드시 많은 책을 읽어 그 의미를 끝까지 궁구하지 않으면 안 된다네. 반대로 나이가 들어 노년에 접어든 사람은 핵심을 가려내어 공부해야 하지. 허나 나이의 많고 적음에 상관없이, 책을 읽을 때는 반드시 마음을 가라앉히고 깊이 생각하여 지극한 곳까지 궁구해야 해. 세상의 의리란 단지 하나의 옳음과 그름이 있을 뿐이야. 옳은 것은 옳은 것이요, 그른 것은 그른 것이지. 이미 지극한 의리가 있게 되면, 비록 다시 읽지 않더라도 자연히 도리가 두루 젖어들어, 기억하려고 애쓰지 않아도 잊지 않을 것이야. 이는 음식과 같으니, 천천히 씹으면 그 맛은 오래가지만, 대강 씹어서 대강 삼키면 끝내 맛을 모르는 것과 같은 것이지.

2-5.
책을 읽는 방법

이 마음을 책 위에 두라

책을 읽는 데는 방법이 있으니, 이 마음을 쓸고 닦아서 깨끗하게 한 후에 보는 것이네. 책을 이해하지 못할 때는 책을 내려놓고, 마음이 안정된 다음에 보아야 하는 것이지. 요즘은 마음을 비워야 한다고 말하는데, 마음이 어떻게 비워지겠는가. 지금 바로 마음이 책 위에 있어야 한다는 얘기지.

공부할 양은 적게, 공력은 많이

책을 읽을 때는 공부할 양은 적게 하고, 공력은 많이 기울여야 하지. 예를 들어, 이백 자를 읽을 수 있다면 단지 백 자만 읽되, 백 자 안에서 맹렬하게 공부하고,

자세히 이해하며, 소리 내어 읽어 익숙하도록 해야 하네. 이렇게 한다면 잘 기억하지 못하는 사람도 자연히 기억할 것이고, 이해력이 부족한 사람도 이해할 수 있을 것이야. 넓게 읽고 많이 보려 하는 것은 모두 무익할 뿐이지.

쉬운 것을 먼저 공략하라

배우는 사람이 글의 뜻을 이해할 때, 어려운 것을 먼저 이해하려고만 하니 마침내 쉬운 것까지 이해할 수 없게 되지. 『예기』禮記 「학기」學記 편에 다음과 같은 대목이 있어. "잘 묻는다는 것은 단단한 나무를 다듬는 것과 같다. 쉬운 것을 먼저 하고 세밀한 부분은 나중에 한다"고 했지. 좋은 도리는 대부분 쉬운 곳에 있다는 것을 배우는 사람들은 참으로 모른다네.

꼭 지켜야 할 세 가지 독서법

대체로 글을 볼 때는 조금씩 보고 숙독하는 것이 첫째요, 천착해서 주장을 세우지 말고 다만 반복해서 몸소 경험해야 하는 것이 둘째요, 몰두하여 이해하되 효과를 바라서는 안 되는 것이 셋째라네. 배우는 사람이라면 이 세 가지는 마땅히 지켜야 하네.

핵심을 한 구절로 요약하라

임자연林子淵이 자신의『대학』해석을 개진했을 때, 선생이 말했다. "다만 책을 그냥 바라보기만 하게. 몇 번이고 몇 번이고 책을 바라보다 보면, 마음에 스며들어와 자연히 얻어지는 것이 있어. 그런데 자네는 거기에 자신의 사사로운 견해를 개입시키려고 하는군. 그렇게 해서는 단서를 얻을 수 없을 걸세. 내가 쓴『장구』章句나『혹문』或問은 지금 보면 말이 너무 많아. 당시에는 사람들이 이해하지 못할까 염려하여 이런 저런 말을 많이 했지. 그런데 지금 사람들이 읽으면 오히려 이해하지 못할 것이야. 이 책의 핵심은 다만 '격물'格物 두 글자에 있다네. 거기를 분별할 수 있으면 많은 말들은 다 쓸모없는 것이야. 처음에『대학』을 읽을 때는 내 책을 쓰는 것이 좋겠지만, 핵심을 알게 되면 이 책도 쓸모없어질 걸세. 내가 거기서 열 구절로 설명한 말은 다 읽은 다음에는 한 구절로 요약해야만 하네."

뱃속을 꿰뚫어 보듯이 읽기

어떤 사람이 "『논어』를 알면 공자이고, 『맹자』 일곱 편을 알면 맹자"라고 하였는데 잘 생각해 보니 역시 그가 말한 그대로일세. 『논어』를 참으로 깊숙한 곳까지 간파하여 마치 공자의 뱃속을 꿰뚫어 보듯이 그 폐나 간까지 모두 안다면, 이는 바로 공자 그 사람이 아니겠는가? 『맹자』 일곱 편을 참으로 깊숙한 곳까지 다 궁구하여 마치 맹자의 뱃속을 꿰뚫어 보듯이 그 폐나 간까지 모두 안다면 이것은 이미 맹자 그 사람이 아니겠는가?

천천히 이해하면서 읽기

선생이 임공보林恭甫에게 물었다.
"『논어』를 읽어서 어디까지 갔는가?"
임이 말했다.
"「술이」편까지 읽었습니다."
선생이 말했다.
"그렇게 빨리 읽어서는 안 되네. 『논어』는 그렇게 서둘러 읽어서는 되질 않아. 반드시 천천히 이해해야 되네. 한 장마다 검토하여 그 한 장이 완전히 이해되었을 때 다음 장으로 넘어가야 하지. 그렇게 꾸준히 하다 보면 마침내 통찰력이 생겨서 하나하나 알 수 있게 되지. 마치 밥을 먹을 때와 같아. 한 입 먹고 나서 또 한 입을 먹어 맛을 충분히 음미해야 피가 되고 살이 되지 않는가. 쓸데없이 무작정 먹기만 한다면 아무것도 되지 않는다네."

문단마다 구절마다 글자마다 이해하라

대체로 책을 볼 때는 보고 또 보아서 문단마다 구절마다 글자마다 이해해야 한다네. 그런 연후, 주해나 해설을 참조해서 가르침이 투철하게 관통하도록 해야 하지. 그렇게 도리가 자신의 마음과 합치되도록 해야 한다네. 두원개杜元凱는 말하였지. "느긋하고 여유 있게 스스로 도리를 구하게 하고, 물릴 정도로 충분히 도리에 나아간다. 강과 바다가 적시듯, 기름이 스며들듯, 얼음이 스르르 녹듯, 기쁘게 이치에 통달하게 된 후, 비로소 얻는 것이 있다"고 말이야.

글의 틈새를 비집고 들어가 열어라

글을 볼 때는, 우선 본문에 의거해야지, 다른 글자를 덧붙여서는 안 되네. 거기에는 원래 틈새가 있으니,

마치 상자와 비슷하지. 스스로 틈새를 비집고 들어가 여는 것이지, 틈새가 없고 한 덩어리로 된 것을 억지로 뚫어 여는 것이 아니야. 또한 먼저 설을 세워서 옛사람의 생각을 끌어모아도 안 되네. 예컨대 '남이 나를 속일까 봐 미리 짐작하거나, 남이 나를 믿지 않는다고 억측하는 것'과 '미리 알아차리는 것'에는 차이가 있어. '속였다고 생각하는 것'은, 저 사람이 나를 속인 적이 없는데도 미리 짐작해서 '저 사람은 분명히 나를 속일 것'이라고 여기는 것이지. '믿지 않는다고 억측하는 것'은 저 사람은 믿지 않으려는 생각이 없는데도 '저 사람은 분명히 믿지 않을 것'이라고 여기는 것이야. 허나 '미리 알아차리는 것'은 저 사람이 나를 속였고 나를 믿지 않는다는 것을 분명하게 아는 것이지.

우선 한 문단을 내 것으로 만들라

책을 읽는 것은 사물을 탐구하는 일[格物] 중에 하나라네. 지금 우선 반드시 문단마다 자세하게 깊이 생각하고 여러 번 반복해서 하루 혹은 이틀 동안 오직 한 문단만 읽는다면, 이 한 문단은 곧 내 것이 되지. 이 한 문단을 내 것으로 한 뒤에 다시 두번째 문단을 읽는 거야. 이렇게 차례차례 많은 것을 힘들게 겪어 나간 후에는 도리어 여러 가지 도리들이 모두 이르는 것을 발견할 거야. 이 공부는 반드시 걸어갈 때도 생각하고, 앉아서도 생각해야 하며, 이미 이해한 것도 두 번 세 번 생각하고 살피면 저절로 하나의 깨달음이 생긴다네. 이것은 억지로 계획할 수가 없지. 글의 문법과 의리는 이와 같은 것일세.

한 번 읽고 버리는 계책을 세우라

양지지楊志之는 역사책을 읽을 때 기억력이 없어서 반드시 서너 번 반복해서 읽어야 겨우 기억했다가, 나중에 또 잊어버린다고 걱정하였다.

선생이 말했다.

"한 번 읽을 때 힘들여 공부해서 한 번 읽고 버리는 계책을 세워야 하네. 거기까지 읽고 더 이상 읽지 않으면 기억할 수 있어. 어떤 선비는 『주례』周禮의 소疏를 읽을 때, 첫번째 쪽을 다 읽으면 태워 버리고, 두번째 쪽을 읽으면 또 태워 버렸는데, 바로 타고 가던 배를 불태워 버리는 계책을 세운 것이지. 만약 처음에 먼저 대충 한 번 읽고 서너 번 더 읽으려고 하면, 확실하게 기억하지 못하게 되네."

지지가 말하였다.

"반드시 총명해야 하는군요."

선생이 대답하셨다.

"총명하더라도, 역시 마음이 고요해야 비로소 정신을 쏟을 수 있어. 옛날에 연평 선생이 이렇게 말씀하셨지. 나 선생[羅從彦]이 『춘추』를 해석했는데, 수준이 얕아 호문정胡文定보다 못했었나 보더군. 나중에 나 선생이 어떤 사람을 따라 광 땅에 들어가, 나부산羅浮山이란 곳에서 이삼 년을 머무르면서 마음을 고요하게 수양했다더군. 그렇게 했으니, 『춘추』를 비교적 분명하게 이해하셨을 거라고. 연평 선생은 처음에는 『춘추』를 해석하는 것이 마음을 고요하게 하는 것과 무슨 관련이 있는지 의심했었지만, 나중에야 깨닫게 되었지. 대개 고요하면 마음이 비워지고, 비로소 도리를 알 수 있다는 것을 말이야."

세부 항목은 반드시 암송하라

사람들이 역사책을 읽을 때는, 세부 항목을 반드시 암송해야만 한다네. 예를 들어 『한서』漢書를 읽는다면, 고조가 패공을 사양하는 부분, 의제가 패공을 관중으로 들여보내는 부분, 한신이 처음으로 한왕에

게 유세하는 부분, 그리고 사찬史贊이나 『과진론』過秦
論 같은 것은 모두 암기해야만 하지. 대충 여유 있게
보고 지나간다면, 마음에 있는 듯 없는 듯 할 것이니,
무슨 소용이 있겠는가. 한 권의 책을 읽을 때, 정밀하
고 익숙하게 읽어서 이 설은 어떻고 저 설은 어떠하
며, 이 설과 같은 곳은 어떻고 다른 곳은 어떤지를 안
다면, 어찌 진보가 없겠는가. 이제부터 단지 10일 동
안 책읽기에 힘써, 고개 숙여 쓸데없는 일에 관여하
지 않고 계속한다면, 곧 달라질 것이야. 10일은 말할
것도 없이, 단 하루만 읽어도 곧 효과가 있을 걸세. 사
람들이 이렇게 10년 동안 책읽기에 힘쓴다면, 세상에
무슨 책인들 못 읽겠는가.

2-6.
독서의 병통

해본 적이 없어 겁난다 하고, 어려워서 겁난다 한다

책을 읽을 때는 반드시 관통하는 곳을 알아야 하니, 동쪽이든 서쪽이든 모두 그 중요한 곳에 맞닿아야만 된다네. 오직 고개를 숙이고 정신을 집중해서 공부하되 앞뒤를 재지 않는다면 저절로 이르는 곳이 있을 것이야. 그런데 지금 이전에는 해본 적이 없어서 겁난다 하고, 또 늦은 것이 겁난다 하고, 해내지 못할까 겁난다 하고, 다시 그것이 어려워서 겁난다 하고, 또 성격이 느리고 둔해서 겁난다 하고, 또 기억하지 못해서 겁난다 하지만, 이는 모두 쓸데없는 말이지. 전에 해본 적이 없었던 거라면, 지금 바로 공부해서 메꾸어 나가면 되는 것이지. 그러니 앞뒤를 돌아보지 말고, 동쪽 서쪽을 생각하지 말게. 그렇지 않으면 일생을 허비하면서 나이가 들어가는지도 모르게 될 것이야.

요즘 사람들이 소홀하게 책을 읽는 까닭

요즘 사람들이 소홀하게 책을 읽는 까닭은 책의 인쇄본이 많기 때문이야. 옛날 사람들은 모두 죽간을 사용했는데, 매우 유력한 인사만이 만들 수 있었어. 일개 선비 같은 사람이 어떻게 장만했겠는가. 황패黃霸 같은 사람은 감옥 안에서 하후승夏侯勝으로부터 구술로 『서경』書經을 전수받았는데, 겨울을 두 번이나 넘기고 나서야 전수받을 수 있었지. 옛날 사람들은 책이 없어서 오직 처음부터 끝까지 잘 암기해야만 했지. 강론하고 소리 내어 읽은 것까지 모두 암기한 후에야 스승으로부터 배울 수 있었어. 예를 들어 소동파蘇東坡는 『이씨산방장서기』李氏山房藏書記를 지었는데, 그것을 보면 당시에도 책은 얻기 어려웠던 것 같아. 조이도晁以道는 일찍이 『공양전』公羊傳과 『곡량전』穀梁傳을 얻고 싶어서 여러 번 찾았으나 구할 수 없었는데, 나중에 한 권을 얻고서야 비로소 베껴 전할 수 있었지. 헌데 지금 사람들은 쓰는 것조차 번잡하다고 싫어하니 참으로 소홀하게 책을 읽는 것일세.

성품에 따라, 글을 보는 두 종류의 병폐

글을 보는 것에는 두 종류의 병폐가 있어. 하나는 성품이 둔한 사람인데, 이런 사람들은 대개 읽어도 생소하여 갑자기 보아 낼 수 없으니 진실로 병이지. 다른 하나는 민첩하고 예민한 사람인데, 이런 사람들은 대부분 자세히 보려고 하지 않고 소홀히 하려는 생각을 쉽게 갖게 되니, 경계하지 않을 수 없는 것일세.

빨리 하려는 병폐

사람들에게는 빨리 하려는 병폐가 있어. 예전에 어떤 사람과 함께 시집을 읽은 적이 있는데, 매번 제목 한 줄은 생략하고 지나갔지. 제목을 보지 않는다면, 그것이 어떻게 시를 읽는 것이 되겠는가. 또 언젠가 공실지龔實之가 가마 속에 책을 한 권만 넣고 다니면서 읽는 것을 보았는데, 이것은 그가 고요하게 집중했기 때문이야. 그는 이런 말도 했지. "사람들은 보통 외출할 때, 가마 안에 서너 권의 책을 넣고 다니면서 한 권을 보다 질리면 또 다른 책을 보는데, 그것이 무슨 공부이겠는가" 하고 말이야.

참된 독서인이 적은 까닭

근래에 참된 독서인이 적은 것은 과거 시험을 위한 시문時文의 폐단 때문이야. 책을 읽자마자 곧바로 자기 생각을 먼저 세우고 신기한 것을 찾으려 하니, 전혀 그 본래의 의미를 착실하게 이해하지 못하지. 신기한 것을 찾자마자 곧바로 그것을 모방하여 시문을 짓고 능숙하게 구사하도록 훈련하니, 나중에 과거 시험에 써먹을 뿐이야.

나는 일찍이 대동래大東萊의 형여대기를 말함. 주희와 『근사록』을 같이 쓴 여조겸의 아버지을 만난 적이 있는데, 그는 육경六經과 삼전三傳에 대해서 모두 통달하여 직접 표점을 찍고 주석을 달았지. 주註에서 부족한 것은 소疎를 해서체楷書體로 달고 붉은색 점을 찍고 점이 없으면 대략 획을 그었지. 나는 단지 그의 『예기』가 그런 것만 보았는데, 다른 경전도 모두 그와 같을 것이야. 여러 여씨呂氏들은 전부터 부귀하여, 비록 관직이 생겨도 대부분 나아가지 않았으니, 참된 독서를 할 수 있었지. 헌데 그 집안의 이런 법도는 백공伯恭: 여조겸에 이르러 깨져 버렸어. 이후로는 시문을 즐기느라 이렇게 책을 읽으려는 사람이 드물어지고 말았다네.

2-7.
낭송의 힘!

소리 내어 읽는 것이 배우는 것

책은 소리 내어 읽는 것을 귀중히 여긴다네. 소리 내어 여러 번 읽으면 자연히 알게 되지. 종이에 써진 것을 생각해 보는 것도 끝내 내 것은 아니니, 오직 소리 내어 읽는 것을 귀중히 여길 뿐이야. 어떻게 그렇게 되는 것인지는 모르겠지만, 몸과 마음의 기가 자연히 합쳐져 팽창하고 발산해서 저절로 확실하게 알게 되는 것이지. 가령 숙독하면서 마음속으로 생각한다 해도, 역시 소리 내어 읽는 것만 못하지. 소리 내어 읽어 나가다 보면 얼마 안 가서 깨닫지 못했던 것도 자연히 깨닫게 되고, 이미 깨달은 것은 더욱 깊은 맛이 난다네. 소리 내어 읽는 것이 익숙하지 않다면, 이런 깊은 맛은 알 수 없지.

일찍이 그것에 대해 생각해 보았는데, 소리 내어 읽는 것이 바로 배우는 것이지. 공자는 "배우되 생각하지 않으면 얻는 것이 없고, 생각하되 배우지 않으면 위태롭다"고 말했는데, 배우는 것이 바로 소리 내어 읽는 것이야. 읽고 나서 생각하고, 생각하고 나서 다시 읽으면 자연히 의미가 생긴다네. 읽되 생각하지 않으면 그 의미를 알지 못하고, 생각하되 읽지 않으면, 설사 이해했다 하더라도 위태로워서 편안하지 않게 되지. 익숙하게 읽고 또 정밀하게 생각하면, 자연히 마음은 이치와 하나가 되니 끝내 잊지 않을 것이야.

나는 예전에 힘을 들이는데도 글을 외울 수가 없어서, 나중에는 단지 소리 내어 읽기만 했다네. 내가 지금 기억하는 것은 모두 소리 내어 읽은 결과라네. 소씨 형제의 아버지소순(蘇洵)는 『논어』, 『맹자』와 같이 여러 성인의 책을 택하여 편안히 앉아서 칠팔 년 동안 소리 내어 읽었는데, 나중에 써낸 많은 글들이 그렇게 훌륭했다네. 그의 자질은 뛰어나서 진실로 따라갈 수 없지만, 소리 내어 읽었으니 그렇게 할 수 있었던 거지. 소리 내어 읽는 가운데 그 말을 본뜨고 베끼면서 문장을 익혔던 게지. 만약 그 마음과 그 자질을 옮겨서 의리를 탐구하는 데 쓴다면 분명 얻을 수 있을 것이야. 이로써 보건대 책은 익숙하게 소리 내어 읽는 것이 귀중할 뿐, 다른 방법이 없는 것이지.

소리 내어 읽으면 의리가 저절로 나온다

대체로 책을 읽을 때는, 우선 소리 내어 읽으려고 해야지 생각만 계속해서는 안 된다네. 입으로 소리 내어 읽으면 마음이 여유로워지고 의리가 저절로 나오지. 내가 처음 배울 때도 이렇게 했을 뿐이니, 또 다른 방법은 없다네.

소리 내어 읽어야만 책의 맛을 안다

배우는 사람은 다만 공부를 익숙하게 해야 할 뿐이니, 익숙하게 소리 내어 읽고, 익숙하게 보며, 익숙하게 생각해야 하지. 예컨대 『맹자』, 『시경』, 『서경』은 전적으로 소리 내어 읽는 공부에 달려 있어. 『맹자』는 장마다 설명하고 나서, 또다시 자신이 설명한 것을 풀이했지. 그는 완전하게 설명하고 나서야 그만두려고 했기 때문에 그의 말은 덩어리가 크지. 그러니 반드시 소리 내어 읽고 익숙하게 해야만 그 맛을 알게 되네.

낭송Q시리즈 남주작
낭송 주자어류

3부
앎과 행함

3-1.
서로를 비추는 앎과 행함

앎과 행함은 서로를 의지하니

앎과 행함은 항상 서로를 의지하니, 마치 눈은 발이 없으면 가지 못하고 발은 눈이 없으면 보지 못하는 것과 같은 것이네. 순서를 논하면 앎이 먼저이고, 귀중함을 논하면 행함이 먼저라네.

앎과 행함의 관계

앎과 행함의 관계에 대해 말씀하셨다.

"알기는 하지만 미처 행하지 못했다면 앎이 아직 얕은 것이지. 헌데 알고 있는 것을 몸소 체험해 보면 앎이 더욱 밝아져서 예전에 알고만 있던 것과는 다르다는 것을 느끼게 되지."

우선 앎과 행함을 해 나가야

제자가 물었다.

"남헌장식(張栻)은 '앎을 이루는 것과 힘써 행하는 것은 서로를 촉발한다'고 하였습니다."

선생이 말했다.

"서로를 촉발한다고만 이해하지 말고, 우선 각각을 해 나가야 한다고 보네. 제대로 알지 못했을 때는 알려고 하고, 제대로 행하지 못했을 때는 행하려고 한다면, 머지않아 저절로 서로 촉발하게 되지. 요즘 사람들은 알지 못하면 곧바로 '내가 제대로 행하지 못했다'고 미루고, 제대로 행하지 못하면 곧바로 '내가 제대로 알지 못했다'고 하면서, 단지 서로 미루기만 할 뿐 큰 진전이 없다네."

계속해서 한 친구에게서 온 편지에 대해 말씀하셨다.

"그 편지에는 다른 사람들이 그의 말이 옳지 않다고 한 것에 대해 이렇게 말하더군. '나는 다만 제대로 실천하지 못했고 함양이 아직 익숙하지 않은 것뿐이니, 이제 더 알 필요는 없고 우선 함양을 터득해야 한다'고 말이야. 그 친구는 이렇게 남의 말을 딱 잘라 버리고는 다른 사람들이 그에게 말을 못 하게 했지. 이제 보니, 모두가 이런 병이 들어 버렸어."

먼저 알고 난 다음에 행해야 합니까?

왕덕보汪德輔가 물었다.

"반드시 먼저 알고 난 다음에 행해야 합니까?"

선생이 말했다.

"아직 이치에 밝지 않다고 해서 전혀 마음을 붙잡아 지킬 수 없는 것은 아니지 않은가! 예컨대, 증점曾點과 증자曾子가 그 전형일세. 증점은 이해한 것을 행하는 데 막힘이 없는 사람이고, 증자는 원래 마음을 잘 지켜 금방 이치를 깨닫고 '예!' 하고 바로 대답하는 경지에 이른 사람일세."

공허한 앎은 없고, 공허한 행함만 있다

앎에 대해 말할 때 공허한 앎이라 말할 수는 없네. 앎에는 공허한 것과 참된 것이 없고, 행함에는 공허한 것과 참된 것이 있다네. 그러니 앎은 앎일 뿐이야. 알고 난 후에 행함과 행하지 않음이 있지. 만약 모르면서 억지로 하려고만 한다면, 이루어지는 결과가 보잘 것없을 것일세.

해보면 특별한 일도 아니거늘

'도리'는 태어나면서 존재하는 것이야. 지금 사람들은 그것을 방치해 버리고, 아예 생각조차 해보지 않고, 일생을 보내 버리니 안타까운 일이지. 해보면 특별한 일도 아니거늘 어찌 한번 대적해 보려는 사람이 이렇게 적은 것일까? 생각해 보면 무지에 만족하고 있는 것이지. 지금 해보고자 생각했다면 철저하게 대적해 보아야 해. 어중간하게 해서는 결국 아무것도 아닌 것이 되고 말지.

성인이 말하지 않은 것

만약 '반드시 도리를 알고 난 다음에 행해 나간다'고 말한다면, 이는 곧 '이롭게 여겨 행하고, 억지로 힘을 써서 행한다'는 것이니, 공부가 모두 쓸모없게 될 것이야. 또 '갑자기 깨친다'고 하는 설은 배우는 사람이 마음을 쏟아야 할 것이 못 되지. 그것은 성인이 말하지 않은 것이야.

3-2.
앎과 행함의 하나-되기

세상의 일이란 끝날 때가 없다

어떤 사람이 '일이 많다'는 것에 대해 말했다.

선생이 말했다.

"세상의 일이란 끝날 때가 없어. 우선 대체적으로 그렇게 중요하지 않은 일은 가려내어, 하지 말게나. 또 차례로 작은 일에 있어서도 중요하지 않은 일을 다시 가려내어, 하지 말게. 먼저 거친 것을 제거한 다음 세밀한 것을 제거하고, 한 단계를 닦고 다시 다른 한 단계를 닦게. 천하의 일은 모두 이와 같은 것이야. 가령 『중용』에서는 '보이지 않는 곳에서 경계하고 삼가며, 들리지 않는 곳에서 두려워한다'고 했어. 우선 보이는 곳과 들리는 곳에서 먼저 공부하고, 그 다음에 보이지 않고 들리지 않는 곳에서 공부해야 비로소 세밀해질 수 있다네. 요즘 사람들은 매번 한 단계를 뛰어넘어 곧바로 보이지 않고 들리지 않는 곳에서 일을 하니, 일을 이루지 못하고 결국에는 모두 시간을 허비하고 만다네. 가령 어둡고 구석진 방 안에서 공부하면 어떻게 공부가 되겠는가? 반드시 '열 사람의 눈이 보고, 열 사람의 손이 가리키는' 곳에서 시작해야만 한다네."

실천할 수 없다면 선은 선이고, 나는 나일 뿐

선善이 저기 있으니, 스스로 가서 그것을 실천하게. 오랫동안 실천하면 선은 자기와 하나가 되고, 하나가 되면 나의 것이 되지. 실천할 수 없다면 선은 선이고, 나는 나일 뿐이야.

가장 큰 공부란?

원래 강학은 하지 않을 수 없지만, 반드시 자기 자신에 나아가 공부해야 하네. 만약 단지 말만 한다면 불과 하루 이틀이면 다 말해 버릴 수 있지. 다만, 공부하는 것이 어려울 뿐이야. 대체로 사람의 마음은 본래 선해서 막 선을 보고 행하려고 할 때가 바로 진심이 발현되는 단서라네. 허나 발현하자마자 기품氣稟과 물욕에 의해 곧바로 가로막혀 발현하지 못하게 되지. 반드시 스스로 몸소 살리고 간직하고 길러야 하니, 이를 아는 것이 가장 큰 공부라네.

그저 말로만 하면 되는 것이라면

몸소 실천하지 않고 그저 말로만 하면 되는 것이라면, 칠십 제자들이 공자를 좇아서 배웠던 것은 단지 이틀이면 다 말할 수 있었을 거야. 허나 왜 여러 해 동안 그들은 공자를 따라다니며 떠나지 않았던 것인가? 그렇게 하지 않은 것은 공자의 제자들이 모두 어리석고 무능한 사람들이었기 때문일까? 아마 그렇지는 않았을 걸세. 옛날 사람들은 그저 밤낮으로 쉬지 않고 열심히 자기 몸과 마음에 대해 이해하려고 했고, 일을 할 때는 자기 역량껏 대응해 나가려고 했던 거지. 예컨대 자로는 과단성이 있었고, 자공은 사리에 통달했으며, 염구는 재주가 있었어. 그 정도의 역량이면 정치를 할 수 있었으니 다른 것을 구할 필요는 없었다네. 큰 업적이라면 큰 성현이 하고, 그보다 작은 업적이라면 작은 현인이 하는 것이지. 각각 그들의 역량에 따라 한 것이지, 어떻게 억지로 할 수 있었겠는가?

3-3.
축축이 적실 때까지 행하라!
앎의 비가 내린다

축축이 적셔져 후덥지근해진 후에 비가 내리는 것

사람이 학문을 하는 것은 비가 내리는 것과 비슷하지. 비가 내린 후에는 곳곳이 젖어들어 기운이 쉽게 후덥지근해지지 않는가. 약간 개어서 햇빛이 조금 비치면 다시 증발하여 비가 온다네. 예전에 크게 가물었을 때는 오랫동안 비가 내리지 않아서 사방이 건조했었지. 설령 조금 비가 내려도 곳곳을 축축이 적실수 없기 때문에 결코 다시 후덥지근해질 수가 없었어. 사람이 의리에 대해서도, 만약 이해한 후에 또 함양 공부를 하여 날마다 이 안에 있게 한다면, 곧 생각이 저절로 좋아져서 의리도 쉽게 이해할 수 있을 것이네. 이것은 마치 후덥지근해진 후에 비가 내리는 것과 같은 이치지. 전혀 노력하지 않는 사람은 날마다 한가하게 지내기만 하면서 함양 공부를 전혀 하지 않지. 설혹 도리를 조금 이해했다고 하더라도 그것에 젖어들지 못한다면, 머지않아 이기적인 욕심이 일어나고, 중간에 끊어지게 된다네. 이것은 마치 크게 가물면 비가 오지 않는 것과 같은 것이지.

단번에 할 수 없다

내가 어느 배우는 사람에게 '마음을 붙잡아 간직하는 것'과 '이치를 궁구하는 것'은 단번에 할 수 없다고 말했어. 이치를 궁구하는 공부도 반드시 조금씩 쌓여서 공부가 도달한 후에야 자연히 관통하게 되는 거지. 마음을 붙잡아 간직하는 공부도 어찌 항상 붙잡아 둘 수 있겠는가! 처음에는 한순간만 붙잡아 둘 수 있다가, 밥 한 끼 먹을 동안 붙잡아 둘 수 있게 되기도 하지만, 간혹 마음이 달아나게 되면 어떻게 할 수가 없지. 항상 경계하고 깨어 있도록 노력하면, 그것이 오래되어 저절로 늘 간직하고 자연히 밝아질 걸세.

오래되면 자연히 성숙해진다

이른바 '이치를 궁구한다는 것'은, '큰 것도 궁구하고 작은 것도 궁구하면 머지않아 모두 한가지가 된다'는 것이네. 이른바 '마음을 붙잡아 지킨다는 것'은 '사람이 물욕에 이끌리지 않을 수는 없지만, 그것을 깨달았을 때 곧바로 거두어들인다'는 것이지. 이것이 오래되면 자연히 성숙해지는 것이지, '확실하게 오늘부터 시작한다'는 뜻은 아니라네.

3-4.
앎을 이루는 것과
자신의 욕심을 이기는 것

앎을 이루는 것과 경과 자신의 욕심을 이기는 것

앎을 이루는 것과 경敬과 자신의 욕심을 이기는 것, 이 세 가지 일을 한 집안에 비유하면 이런 것이지. 경은 문을 지키는 사람이요, 자신의 욕심을 이기는 것은 도둑을 막는 것이요, 앎을 이루는 것은 자신의 집과 바깥일을 헤아리고 살펴 나가는 것이지. 이천 선생은 '함양은 반드시 경으로 해야 하고, 학문을 증진시키는 것은 앎을 이루는 것에 달려 있다'고 했어. 이것은 자신의 욕심을 이기는 것에 대해서는 말하지 않은 걸세. 아마도 경으로 모든 그릇된 것을 이기면 저절로 자신의 욕심을 이기게 되니, 그릇된 생각을 막는 것에 대해서는 말할 필요가 없었던 것이지. 이는 문을 잘 지킨다면 그것이 도둑을 막는 것과 같은 일이어서, 따로 도둑을 막는 것에 대해서 더 말할 필요가 없는 것과 같은 것이라네. 함양하는 것과 제 욕심을 이기는 것을 대비시켜 말한다면, 함양은 휴식을 취하는 것에 비유할 수 있고, 자신의 욕심을 이기는 것은 약을 복용하여 병을 제거하는 것에 비유할 수 있지. 대체로 휴식을 취하지 못했을 때 약을 복용하지. 휴식을 취한다면 저절로 병이 없어지니, 어찌 약을 복용할 필요가 있겠는가. 순수하게 경을 지킬 수 있다면 저절로 그릇됨과 치우침이 사라지니, 어찌 자신의 욕심을 이기는 공부가 필요하겠는가. 만약 그릇됨과 치우침이 있다면, 단지 순수하게 경을 지키지 못했기 때문이니, 경을 책려할 뿐이라네. 그러니 경을 지켜 이겨야 할 자기가 없어지는 것은 바로 경의 효과라네. 만약 처음 배우는 사람이라면 반드시 각각의 공부가 모두 다 궁극까지 이르도록 해야 한다네.

경을 지키는 것과 이치를 궁구하는 것이 서로 방해된다면

처음 공부할 때는, 이 일을 하려고 하면 또 저 일에 방해가 되어 이해되는 것이 없지. 마치 경敬을 지키는 것과 이치를 궁구하는 것, 이 두 가지 일이 서로 방해

되는 것과 같다네. 경을 지키는 것은 거두어들이고 붙잡아 지키는 도리이고, 이치를 궁구하는 것은 헤아리고 끝까지 탐구하는 도리이지. 이 두 가지 일은 곧 서로 방해가 될 뿐이야. 헌데 이것이 익숙해졌을 때는 자연히 서로 방해되지 않는다네.

일을 만나면 경을 지킬 수 없고, 경을 지키면 일이 혼란스러워진다면

어떤 사람이 물었다. "앎을 이루려면 반드시 이치를 궁구해야 하고, 경을 지키려면 반드시 마음을 하나로 모아야 합니다. 헌데 일을 만나면 경을 지킬 수 없고, 경을 지키면 또 일이 혼란스러워지니 어떻게 해야 하는지요?"

선생이 말했다. "맹자는 '붙들면 간직되고, 놓으면 잃어버린다'고 하였지. 이 말은 사람이 일단 붙잡게 되면 마음이 곧 여기에 있게 된다는 것이야. 맹자가 '잃어버린 마음을 찾는다'고 한 것은 너무 완곡하게 말한 것이지. 마음은 찾기를 기다릴 필요 없이 경계하고 살피기만 하면 곧바로 볼 수 있지. '내가 인을 하려고 하면 인이 바로 이를 것'이라는 말과 '인을 행하는 것은 자기가 하는 것이지, 남이 하는 것이겠는가'

라는 말이 바로 그런 의미지. 대개 사람이 자신의 마음이 있지 않다는 것을 알 수 있다면 이미 그 마음이 있는 것이니, 다시 찾을 필요가 없는 거라네."

'거경'과 '궁리'는 서로를 비춘다

배우는 자의 공부는 다만 '거경'居敬과 '궁리'窮理 두 가지에 있네. 이 두 가지는 서로 상대를 비추지. 잘 궁리하면 거경의 공부는 점점 더 진보하고, 잘 거경하면 궁리의 공부는 점점 더 정밀해진다네. 이것은 사람의 두 다리와 같아서 왼쪽 다리가 앞으로 나가면 오른쪽 다리가 정지하고 오른쪽 다리가 나가면 왼쪽 다리가 정지하는 것과 같지. 거경과 궁리는 두 가지로 보이지만 실은 하나라네.

3-5.
마음에 천리가 간직되면
인욕은 사라진다

어떤 것이 천리이고, 어떤 것이 인욕인가요?

제자가 물었다.

"마시고 먹을 때는 어떤 것이 천리이고, 어떤 것이 인욕인가요?"

선생이 말했다.

"마시고 먹는 것은 천리지만, 좋은 맛을 찾으려고 하는 것은 인욕이라네."

천리와 인욕의 분량

"천리와 인욕의 분량에는 많고 적음이 있네. 천리는 원래 많아서 인욕이라는 것도 천리로부터 나온 것이지. 한데 인욕이라 하여도 그 안에는 저절로 천리가 있어."

제자가 물었다.

"본래 모두 천리로군요."

선생이 말했다.

"사람이 태어날 때에는 전부 천리라네. 인욕은 원인
도 모른 채 나중에 생겨난 것이지."

마음에 천리가 간직되면 인욕은 없어진다

천리와 인욕은 미세한 기미幾微 사이에 있네. 사람의
마음에 천리가 간직되면 인욕은 없어지지. 허나 인욕
이 우세하면 천리가 사라진다네. 천리와 인욕이 서로
뒤섞인 경우란 없어. 배우는 사람은 반드시 이 점에
대해 체인하고 성찰해야 한다네.

참되게 안다는 것

서자융徐子融이 물었다.

"물과 불은 두려워할 만한 것임을 잘 알기 때문에 자
연히 두려워하는 것이지, 억지로 그런 것은 아니지
요. 인욕의 경우에는 애착하는 생각만 있기 때문에
비록 나쁘다는 것을 알면서도 좋아하지 않을 수 없으

니, 어찌하면 좋습니까?"

선생이 말했다.

"그것 역시 참되게 알지 못한 걸세."

또 물었다.

"참되게 안다는 것은 인욕이 나쁘다는 것을 참으로 알아야 한다는 것인지요?"

선생이 대답했다.

"'남을 이기기 좋아하고, 자랑하며, 원망하고, 욕심을 부리는' 것이라고 말한 것은 '남을 이기기 좋아하고, 자랑하며, 원망하고, 욕심을 부리는' 것에 대해 알아야 한다는 것이 아니라네. 다만, 스스로 이 마음의 도리에 대해 투철하게 이해하기만 하면, 그런 것들은 없애지 않아도 저절로 없어지지. 만약 진실로 큰 도리를 이해한다면, 무엇 때문에 남을 이기려고 하겠는가? 남에게 자랑하고 뽐내려고 해서 뭣하겠는가? '인을 구해서 인을 얻었는데, 또 어찌 후회하겠는가?'라고 했으니, 무엇을 원망하겠는가? 이목구비와 사지의 욕구가 분수에 맞다면, 무엇을 바라겠는가? 큰 도리를 분명하게 이해한다면, 그 허다한 작은 병통들은 모두 얼음이 녹듯이 풀려 흔적도 없게 될 것이야."

글이 내 행동과 서로 같은지 다른지를 보아야

배우는 사람은 반드시 인욕을 모두 제거하고 천리를 완전히 회복해야 하니, 바야흐로 이것이 배우는 것이야. 지금 책을 읽어 나갈 때, 글이 내 행동과 서로 같은지 다른지를 보아야만 비로소 책을 읽은 것이지. 지금은 단지 천리와 인욕을 분별하여 말하니, 이것이 길어지면 반드시 저것이 짧아지고, 이것이 짧아지면 반드시 저것이 길어진다네.

낭송Q시리즈 남주작
낭송 주자어류

4부
마음의 응시

4-1.
마음이 조급해질 때

마음이 조급해질 때면

어떤 사람이 물었다.

"처음 배우는 사람에게는 급히 하려는 병이 있는 것 같습니다."

선생이 말했다.

"미리부터 그러리라 생각하지 말고, 다만 늘 이렇게 마음을 붙잡아 지켜야 하네. 마음이 조급해질 때면, 즉각 그것을 깨닫는 것이지."

깊고 두텁게 심고 기른다

배우는 사람은 반드시 이 마음을 지켜야 하니, 조급 해하지 말고, 깊고 두텁게 심고 길러야[栽培] 하네. '심는다[栽]는 것'은 단지 여기에 어떤 것을 심는 것과 같아. 함양하고 지키는 공부가 끊임없이 계속되는 것을 '깊고 두텁게 심고 기른다'고 하는 것이지. 이렇게 하는 가운데 여유 있게 젖어든다면 점점 스며들어 저절로 얻는 것이 있다네. 진실로 조급하게 효과를 구한다면, 이 마음은 자연히 초조해지고 어지러워져서 단지 사사로운 마음에 그칠 것이니, 끝내 여유 있게 젖어들어 도에 이르지 못할 것이야.

4-2.
마음 수양

움직임과 고요함

움직임과 고요함은 물과 배의 관계와 같다네. 조수가
밀려오면 움직이고 조수가 물러나면 멈추지. 일이 있
을 때는 움직이고, 일이 없을 때는 고요하지. 그렇다
고 하지만 움직임과 고요함에는 단서가 없으니 이것
은 움직임, 저것은 고요함이라고 구분할 수는 없어.
사람의 호흡에 비유하면 숨을 들이마실 때는 고요함
이고 내쉴 때는 움직임이지. 대화할 때는 대답하는
것이 움직임이고 침묵하는 것이 고요함이지. 무슨 일
이든 다 그렇다네. '함양'과 '치지'라 하여도 대체 어
디서부터 시작하는 것일까? 배우는 사람은 어느 쪽
인가를 출발점으로 삼아 생각하지 않으면 안 되지.
정자程子: 정이(程頤)가 "학문에는 앎에 이르게 하는 것보

다 앞서는 것이 없다"고 한 것은 앎이 앞서 있다는 뜻
이지. "아직 앎을 이르게 하였는데 경을 보존하지 못
한 자는 없다"고 한 경우는 경이 앞선 것이지. 여기서
부터 미루어 짐작하면 만사가 다 이런 것이라네.

어떻게 항상 고요할 수만 있겠는가?

제자가 물었다.

"경은 움직임과 고요함을 관통한다고 하셨지만, 고
요한 때는 적고 움직일 때는 많아서 마음이 흐트러지
기 쉬운 것이 걱정입니다."

선생이 말했다.

"어떻게 항상 고요할 수만 있겠는가? 어떤 일이 발생
하면 대응해야 하는 것은 당연지사지. 사회생활을 하
다 보면 아무 일도 하지 않는 때란 없어. 만약 아무런
일도 일어나지 않는 때를 원한다면 죽음밖에 없을 게
야. 아침부터 밤까지 많은 일이 일어나지. 그렇다고
마음이 흐트러지니 그때마다 정좌하고 있을 셈인가?
경은 그런 것이 아니야. 만약 일이 내 앞에 닥쳤는데
도 고요하게만 있으려 하고 완강히 대응하지 않으려
한다면 마음은 죽어 버린다네. 아무 일도 없을 때는
경이 마음속에 있고, 일이 생겼을 때는 경이 그 일에
있는 게지. 무슨 일이 있든 없든 경은 중단되지 않는

다네. 예컨대 손님에게 대응할 경우 경은 그 응대하는 곳에 있고 손님이 떠나고 나면 경은 또 여기에 있는 걸세. 만약 손님을 싫어하여 안절부절못한다면 그것은 나와 내 마음을 흐트러뜨린 것이지. 그런 것은 경이 아닐세. 그러니 이천 선생이 '배워서 전일專一한 때에 이르러야 비로소 좋다'고 하셨던 것이야. 전일이라는 것은 일이 있든 없든 언제나 그렇게 하는 것이지."

초학자가 해야 할 공부는 정좌

초학자가 해야 할 공부는 정좌라네. 정좌를 하면 근본이 정해지니 무심코 외물을 쫓아간다고 해도 그 마음을 회수하려 할 때 확실하게 둘 곳이 있지. 예컨대 집에 있는 것에 익숙해지면, 외출해서 집에 돌아오면 안도하게 되는 것과 같은 것이라네. 만약 멍하니 밖에 머물면서 전혀 공부하지 않았다면, 설령 마음을 자신 속에 수렴하려 해도 머물 곳이 없는 것이지.

지금 마음을 구한다는 것은 기초를 세우기 위함이다

어떤 사람이 물었다.

"정좌를 하든 사태에 대처하든 모두 마음을 집중시키려고 노력해야 하는군요."

선생이 말했다.

"정좌라는 것은 좌선이나 입정入定처럼 사념을 끊으려는 것이 아니라네. 다만 마음을 수렴하여 쓸데없는 생각에 이끌리지 않도록 하는 것이지. 그렇게 하면 마음은 담담하게 아무것도 일삼지 않아서 저절로 전일하게 된다네. 어떤 사태가 발생해도 사태에 응하여 대처할 수 있는 방법이 생기고 그 사태가 사라지면 다시 담담해진다네. 하나의 일에서 둘, 셋으로 마음을 일으켜서는 안 된다네. 그렇게 하면 자연히 잡스러워 통일되지 않는데 어떻게 전일하게 되겠는가? 옛사람은 어릴 때부터 이 공부를 하였지. 청소할 때 빗자루의 사용방법이라든가, 시와 음악과 무용, 악기 연주와 노래 연습에 이르기까지 모두 마음을 집중시키고자 하였지. 그런 것을 어릴 때부터 배우지 않는 것은 어쩔 수 없다 하더라도 이제부터라도 해야만 해. 만약 이 공부를 하지 않은 채 의리를 보고자 한다면 마치 집을 지으려 하는데 토대가 없고, 기둥 둘 곳이 없는 것과 같다네. 지금 마음을 구한다는 것은 바로 기초를 세우기 위함이야. 마음을 갈고 닦아서 나를 확립시킨 다음에 공부를 하면, 틀림없이 도달해야 할 곳에 도달하게 될 걸세. 만약 마음이 뒤섞여 혼란스럽고 통일되지 않은 채 공부한다면 대체 어디서 결실을 맺겠는가?"

4-3.
마음을 다하라

마음을 다한다는 것

제자가 물었다.

"지성至誠은 성性을 다하고 사람을 다하고 사물을 다한다'라고 하였는데 '다할 진'盡은 무슨 뜻입니까?"

선생이 말했다.

"성性이란 인의예지일세. '진'이란 모든 곳에서 다하지 않는 것이 없다는 뜻이지. 여기서 다하여도 저기서 다하지 못하면 진이 아니야. 밖에서 다하여도 안에서 다하지 못하면 진이 아니지. 이 일을 다하였지만 저일을 다하지 못하면 진이라 하지 않는다네. 머리를 다하여도 꼬리를 다하지 않으면 진이라 할 수 없지.

'사람을 다한다'는 것은 인간은 어질기도 하고 어리석기도 하고, 단명하기도 하고 장수하기도 하는 것처

럼 다양하지만, 그들 모두에게 대처함에 각각의 도
리에 맞도록 하는 것이지. '사물을 다한다'는 것은 사
물에는 새, 짐승, 벌레, 물고기, 나무와 풀처럼 다양한
것이 있지만 그들 모두에게 대처함에 그 각각의 마땅
함을 얻게 하는 것이지."

제자가 또 물었다.

"'마음을 다한다'는 것도 그런 의미입니까?"

선생이 말했다.

"'마음을 다한다'는 것은 앎[知]이며 '성을 다한다'는
것은 행동[行]이라네. '성을 다한다'는 것은 세세한 사
물에 대해 아는 것이지. '마음을 다한다'는 것은 많은
조리條理가 그 가운데 온전히 포함되어 있음을 아는
것이야. '성을 다한다'면 일마다 누락됨이 있는지 없
는지를 보지 않으면 안 되지. 예컨대 몸이 하나뿐인
인간이 많은 일을 경험할 필요는 없지만 열 가지 가
운데 다섯 가지를 다하였다면 나머지 다섯 가지는 다
하고자 하는 마음을 가져야 하는 것이지. 그 밖의 일
에 대해서도 아직 힘을 다하지는 못했지만 다할 수
있다는 도리는 존재한다네. 이것 또한 '진'일세. 지성
至誠을 다하는 사람은 전신이 실리實理여서 약간의 결
손도 없네. 그러므로 일마다 사물마다 다하지 않음이
없는 것이지."

4-4.
마음을 거두어들이라

사람이 방종해질 때

어떤 사람이 물었다.

"사람이 방종해질 때 스스로 마음을 거두어들이는 것이 바로 '불러 일깨우는 것'喚醒입니까?"

선생이 말하였다.

"방종한 것은 단지 마음이 어둡기 때문이야. 일깨울 수 있다면 저절로 어둡지 않고, 어둡지 않으면 자연히 방종하지 않는다네."

마음을 붙잡았다 놓았다, 간직했다 잃어버렸다 한다면

배우는 사람이 학문을 할 때는, 참되게 아는 것과 힘써 실천하는 것에 대해 묻기 전에 우선 마음을 수습하여 안정시켜야 하네. 마음을 거두어들이고 늘 올바른 도리에 마음을 두어 헛되고 어지러운 생각들이 일어나지 않는다면, 저절로 물욕을 가볍게 여기고 올바른 도리를 중요하게 생각할 것이야. 무게에 따라 저울이 올라가고 내려가는 것처럼, 반드시 올바른 도리를 향한 마음이 물욕보다 무거워야 하지. 그러면 스스로 분명하게 의리를 알게 되지. 그땐 자연히 그만두려고 해도 그만두지 못하는 마음이 생겨서 저절로 물욕을 생각할 겨를이 없어질 게야. 진실로 마음을 '붙잡았다 놓았다, 간직했다 잃어버렸다' 하면서 주재하지 못한다면, 설령 참되게 아는 것과 힘써 실천하는 것에 대해 설명한들 무슨 소용이 있겠는가.

마음이 밖으로 향하는 바로 그 순간

제자가 물었다.

"공부가 중단되면 바로 마음이 밖으로 치달리게 되는 것이 아닙니까?"

선생이 말했다.

"마음이 밖으로 향하는 바로 그 순간, 달아나 버린다네."

이 몸의 주인은 마음이니

요즘 '잃어버린 마음을 찾으라'는 것에 대해 여러 가지 논의들이 있지만, 그건 불가나 도가에서 말하는 '입정'入定과 꼭 닮았어. 헌데 그들은 거기에 이르면 끝나 버리지만, 우리는 마음을 확실하게 이 마음의 주재자가 되게 해야만 비로소 과업을 이루는 것이니 같지 않지. 『중용』에 "하늘이 명한 것을 성性"이라 한 것은 바로 이 마음을 가리킨 것이야. 또 "성에 따르는 것을 도道"라고 한 것도 이 마음이며, "도를 닦는 것을 가르침[敎]"이라고 한 것도 이 마음이며, "중화中和를 이룬다", "화육化育을 돕는다"는 것도 역시 이 마음을 가리키는 것이지. '치지'란 마음이 아는 것, '격물'이란 마음이 이르는 것, '극기'란 마음이 이기는 것에 다름 아니지. "예가 아니면 보고 듣고 말하고 움직이지 말라"의 '하지 말라'[勿]와 '하라'[不勿]는 단지 터럭만 한 차이에 지나지 않는다네. 그러므로 명도明道 선생정호(程顥). 정이의 형. 이 두 사람을 이정(二程)이라 부른다은 "성현의 수많은 말은 다만 잃어버린 마음을 수습하고 다시 몸으로 되돌리고, 스스로 추구하여 향상하기를 원할 따름"이라고 하였어. 지금은 우선 마음을 확실히 이 몸의 주인이 되도록 하게. 그렇게 해야만 성현의 말에는 머물 곳이 있어서 자연히 부합한다는 것을 검증할 수 있지. 만약 언제나 내 마음을 살펴서 마음을 깨워 둘 수 있다면 높고 밝은 것이나 넓고 큰 것은 태연히 거기에 있게 된다네. 높고 밝고 넓고 큰 마음은 항상 그대로여서 늘어나거나 줄어들지 않는 것일세. 이 마음에서 수양하면 이것저것 생각하고 따져 볼 필요가 없지. 지금 그것을 깨달았다면 한가할 시간은 없을 게야. 가거나 머물거나 앉거나 누웠을 때나 책을 읽을 때나 일을 처리할 때나 언제라도 다 그곳이 노력의 장이지. 어쨌든 이것만 안다면 마음을 거두어들이는 일은 쉬워서 아무 어려움도 없다네.

4-5.
마음의 작용, 성(性)과 정(情)

성은 인의예지, 정은 드러나는 작용

"하늘이 명命한 것을 성性이라 한다"고 할 때, 명은 조
정에서 내리는 칙명과 같고, 성은 마땅히 해야 할 직
무라네. 마음은 관리이고, 기질은 관리의 성질이니
때로는 관대하고 때로는 엄격하지. 정情은 관청에서
직무를 처리하는 것이니 정情은 드러나는 작용이고
성性은 인의예지와 다르지 않네. 이른바 천명과 기질
이란 뒤섞여서 일체가 되었으니 천명이 있으면 곧바
로 기질이 있어서 역시 떨어질 수 없지. 만약 한쪽이
결여되면 사물을 낳을 수가 없을 게야. 천명이 있다
면 반드시 기氣가 있고, 그래야 비로소 리理를 받아들
일 수 있어. 만약 기가 없으면 리가 어떻게 편안히 머
물 수 있겠는가.

천명의 성은 본래 치우친 적이 없고, 다만 기질에 들어가서 치우친 곳이 생긴 것에 지나지 않네. 기에는 어둠·밝음·두터움·얇음의 차이가 있지만 인의예지는 약간의 결함도 없는 리인 것이지. 허나 측은惻隱이 태과太過하면 지나친 관용과 우유부단함으로 흐르고, 수오羞惡가 태과하면 부끄럽고 미워해야 할 것이 아닌데도 부끄럽고 미워하게 된다네.

예컨대 여기 빛이 있다 하세. 거울이 있어야만 빛이 있고 물이 있어야만 빛이 있지. 빛은 성, 거울과 물은 기질일세. 만약 거울과 물이 없으면 빛은 흩어져 버리지. 그러니 자네가 품부받은 기가 어떤가에 달린 것이야. 허나 리는 한결같이 선할 뿐이야. 리인 이상 어떻게 악할 수 있겠는가? 이른바 악하다는 것은 기일세. 맹자의 설은 '모든 성은 선하다'고 하였고 불선不善을 설명할 때는 '함닉陷溺'이라고 하였지. 이것은 처음에는 선하지 않은 것이 없었는데 나중에 생겨났다는 의미야. 이는 '성을 논하면서 기를 논하지 않는' 것과 같아서 미비함을 면하지 못하지. 그런데 정씨程氏가 기질을 말하여 성과 연결지었으니 앞뒤가 이어지고 단번에 완비되었어.

성은 '아직 움직이지 않는 것'이고, 정은 '이미 움직인 것'

성性은 '아직 움직이지 않는 것'이고, 정情은 '이미 움직인 것'이지. 마음은 '아직 움직이지 않은 것'과 '이미 움직인 것'을 포괄한다네. 마음이 '아직 움직이지 않은 것'이 성이며 '이미 움직인 것'은 정이지. 이것이 이른바 '마음은 성과 정을 통괄한다'는 것이지. 욕망은 정이 발현한 것이야. 마음을 물에 비유한다면 성은 물의 고요한 상태, 정은 물의 흐름, 욕망은 물의 파도일세. 그러나 파도에는 좋은 것과 나쁜 것이 있지. 욕망 가운데 좋은 것은 "나는 인仁하기를 원한다"와 같은 것이고 좋지 않은 것은 거친 파도처럼 거칠게 일어나는 것이지. 심하게 나쁜 욕망은 막아 둔 물이 넘치면서 이르는 곳마다 수해가 일어나듯이 천리를 멸하여 버린다네. 맹자가 "정으로써 선을 이룬다"고 한 것은 바른 정은 성으로부터 흘러나오는 것이고 원래 좋지 않은 것이 없다는 뜻일세.

마음은 성과 정을 통괄한다

마음은 성과 정을 통괄하는 곳이네. 고요히 가라앉

아 도리어 움직이지 않으니 인의예지라는 리가 거기에 갖추어져 있지. 움직이는 것은 정이고 고요한 것은 성이라네. 움직이는 것이 마음이라는 설이 있지만 그렇게 생각하면 하나의 움직임을 둘로 나누어 버리는 꼴이 된다네. 마음과 성은 움직임과 고요함이라는 관점에서 말할 수 없는 것이지. 대체로 사물에는 심장이 있는데 그 가운데는 반드시 비어 있지. 닭이나 돼지 심장을 요리한 음식이 있는데 이것을 잘라서 열어 보면 알 수 있다네. 사람의 심장도 마찬가지야. 이처럼 비어 있는 곳이야말로 수많은 도리가 담겨 있어서 천지에 약간의 틈도 없이 이치를 부여하고 고금을 완전히 포함한 것일세. 더 확장하면 하늘을 덮고 땅을 덮는 것은 바로 이것이지. 리가 사람의 마음에 있는 것을 성이라고 한다네. 성은 마음이 의지하는 것이야. 이 중심에 있는 텅 비어 있는 곳을 가득 채우는 것이 바로 리라네. 마음은 신묘한 예지가 머무는 곳이며 이 몸을 지배하지. 성은 하늘에서 얻은 수많은 도리가 마음에 구비되어 있는 것이고. 그것이 지혜나 사려로서 발현한 것이 정이지. 그러므로 "마음은 성과 정을 통괄한다"고 하는 것이야.

4-6.
천지가 만물을 낳는 마음, 인의 마음

천지가 만물을 낳는 마음

지금 먼저 인仁의 마음이 무엇인지를 알아야 하네. 성현께서 인을 말한 곳은 많지만 저기서는 저렇게, 여기서는 이렇게 말하여 글자의 뜻이 각각 다르지. 그러니 마음을 명확하게 보고 성현이 여기저기서 말한 것을 몸소 살펴보게. 그러면 어느 것이나 다 이 마음일 뿐이니, 애초에 서로 어긋나지 않았다는 것을 비로소 알게 될 게야. 『집주』集註에서 "인이란 사랑의 리理이고, 마음의 덕德이다"라고 하였는데 사랑은 측은이고, 측은은 정이니, 거기에 있는 리를 인이라 말한 것이지. '마음의 덕'이라고 할 때 '덕' 또한 사랑일 뿐이니, '마음의 덕'이라 한 것 또한 사랑의 근본을 말한 것이지.

사람이 사람인 까닭은 그 리가 바로 천지의 리이고, 그 기가 바로 천지의 기이기 때문이야. 리는 자취가 없어서 볼 수 없기 때문에 기를 통해 살펴보아야 하네. 인의 마음은 혼연일체의 온화한 기이니 그 기는 바로 천지의 따뜻한 봄날의 기이며, 그 리는 바로 천지가 만물을 낳는 마음이라는 것을 알아야 하네. 지금은 다만 사람의 몸에서 이 인의 마음이 어떠한가를 보게나. 이 마음이 있으면 이다지도 훌륭하고 이다지도 생기가 난다네. 성현이 인을 말한 곳을 보면 모두 이 마음일 따름이야. 공자가 안연에게 '극기복례' 克己復禮를 말씀하셨는데 사욕을 이겨서 예로 돌아가면 자연히 모두가 이 마음이 된다네. 이것은 사람이 인위적으로 안배할 필요가 없이 처음부터 모든 것이 혼연하게 흐르고 있었던 것이야. 이 마음은 사사로운 마음으로 가로막히지 않으면 저절로 남과 자기, 사물과 자기가 하나가 되며 위대한 도[公道]가 저절로 흘러간다네.

사사로운 욕심이 없어지면

여정숙余正叔이 말했다.

"사사로운 욕심이 없는 것이 인이군요."

선생이 말했다.

"사사로운 욕심이 없어져야 비로소 인이라고 하는 것은 좋지만, 사사로운 욕심이 없는 것을 곧바로 인이라 해서는 안 된다네. 사사로운 욕심이 없어져야 비로소 인이 나타날 뿐이니, 둑이 없어져야 비로소 물이 흘러가는 것과 같은 것이라네."

방숙方叔이 말했다.

"천지만물과 일체가 되는 것이 인이군요."

선생이 말했다.

"사사로운 욕심이 없는 것은 인의 앞 단계, 천지만물과 일체가 되는 것은 인의 뒷단계라네. 다만 사사로운 욕심이 없어야 비로소 인하며, 인하여야 비로소 천지만물과 일체가 되는 것이지."

모두 봄으로부터 생겨난다

"인이라는 개념은 의義와 예禮와 지智를 합쳐서 봐야만 비로소 이해할 수 있네. 인은 인의 본체, 예는 인의 형식, 의는 인의 단속, 지는 인의 분별이지. 이는 마치 춘하추동은 각각 다르지만 모두 봄으로부터 생겨나는 것과 같지. 봄은 생명의 의지가 생겨나고, 여름은 생명의 의지가 생장하며, 가을은 생명의 의지가 완성

되고, 겨울은 생명의 의지가 수장되지. 넷에서 둘이 되고, 둘에서 하나가 되니 통괄하면 근원[宗]이 있고 합치면 시작[元]이 있는 것이라네. 그러므로 '오행은 하나의 음과 양이고, 음과 양은 하나의 태극'이라고 한 것이야."

또 말씀하셨다.

"인은 사단四端의 선두에 있지만 처음과 끝을 이룰 수 있는 것은 지智라네. 원元은 네 가지 덕의 으뜸이지만 원은 원에서 생기는 것이 아니라 정貞에서 생기는 것과 같네. 천지의 조화 작용은 '합쳐져 모이지 않으면 발산할 수 없는' 것이기 때문이지. 인과 지가 번갈아 가며 접하는 곳이야말로 만물이 변화하는 기축이지. 이 이치는 끝없이 순환하여 서로에게 약간의 틈도 없으니 정이 없으면 원은 성립할 방도가 없는 것일세."

인은 다만 하나일 뿐

"인은 다만 하나일 뿐이니, 부분적으로 말하여도 저 많은 도리는 역시 그 안에 있고, 전체적으로 말하여도 모두 그 안에 있네."

치도致道가 말했다.

"봄은 만물을 낳는 때이니, 거기에는 이미 여름에 자

라고 가을에 결실을 맺으며 겨울에 갈무리한다는 의미가 포함되어 있는 것이군요.”

선생이 말했다.

“봄은 만물을 낳는 때이지만 여름·가을·겨울이 되어도 역시 이 기는 한결같이 흘러갈 따름이네. 봄은 이제부터 왕성하게 낳고 기르려 하니 여름이 되어서야 확실하게 결실을 맺게 되고 뒤로 갈수록 봄의 생의生意는 점차 늙어 가지.”

하손賀孫이 말했다.

“온화의 기에서 인을 볼 수 있습니다만, ‘네 가지를 포함한다’고 한 것에서 생각하면 거기에는 자연히 형식과 타당성, 명석한 분별이 있는 것이군요.”

선생이 말했다.

“그렇지, 그렇다네.”

낭송Q시리즈 남주작
낭송 주자어류

5부
우주의 이법

5-1.
시작도 없고 끝도 없는 태극

태극은 천지만물의 리일 뿐

제자가 물었다.

"태극太極은 천지가 생기기 이전의 뒤섞인 어떤 것이 아니라, 천지만물의 리理를 총괄한 명칭이 아닙니까?"

선생이 말했다.

"태극은 다만 천지만물의 리일 뿐일세. 천지로 말하면 천지 가운데 태극이 있고, 만물로 말하면 만물 가운데 각기 태극이 있네. 천지가 생기기 이전에 틀림없이 리가 먼저 있었지. 움직여서 양陽의 기를 낳는 것도 리일 뿐이며, 고요하여 음陰의 기를 낳는 것도 리일 뿐일세."

제자가 물었다.

"『태극해』太極解에서는 왜 움직임을 앞에 두고 고요함을 뒤에 두었습니까? 왜 작용을 앞에 두고 본체를 뒤에 두었습니까? 왜 감응을 앞에 두고 적막함을 뒤에 두었습니까?"

선생이 말했다.

"음과 양으로 말하면 작용은 양에 속하고 본체는 음에 속하지. 그러나 '움직임과 고요함은 끝이 없고 음과 양은 시작이 없으니' 앞과 뒤로 나눌 수 없네. 지금은 다만 작용이 일어나는 것으로부터 말했을 뿐이지만, 틀림없이 움직이기 전엔 고요하였고 작용하기 전엔 본체였으며, 감응하기 전엔 적막하였고, 양이 되기 이전엔 음이었으며, 적막하기 이전엔 감응하였고, 고요하기 이전엔 움직였을 것일세. 그러니 무엇을 가지고 앞과 뒤를 나누겠는가? 그러니 '오늘 움직인 것이 바로 시작'이라고만 말하고, 어제 고요했던 것에 대해 말하지 않는 것은 안 되지. 예컨대, 코로 숨을 쉴 때, 호흡이라고 하는 것이 순조로운 표현이어서 흡호라고 하지 않는 것과 같지. 반드시 숨을 내쉬기 전에는 숨을 들이쉬고, 숨을 들이쉬기 전에는 또 숨을 내쉬는 것이지."

무극이태극

'무극이면서 태극'[無極而太極]이란 태극 밖에 무극이 있는 것이 아니라 무無 가운데 저절로 리가 있는 것이라네. 무극을 그대로 태극이라고 해서는 안 되지. '무극이태극'의 이而는 가벼우니, 차서가 없는 것이지. "움직여서 양을 낳고 고요히 하여 음을 낳는다"의 움직임이란 태극의 움직임이고, 고요함은 태극의 고요함이야. 움직인 다음에 양을 낳고 고요히 한 다음에 음을 낳는 것은 이 음양의 기를 낳는 것일세. 이것을 "움직여서 생하고 고요히 하여 생한다"고 한다면 점층적 순서가 생기게 되네. "일동일정一動一靜이 서로 뿌리를 이룬다"고 한 것은 움직여서 고요하고, 고요하여서 움직이고, 개폐 왕래하여 약간의 휴식도 없는 것일세. "음으로 나뉘고 양으로 나뉘어 양의兩儀를 세우다"의 양의란 천지를 말하지. 움직임과 고요함이란 낮과 밤 같고, 음양이란 동서남북처럼 사방으로 나뉘어 가는 것이지. 한번 움직이고 한번 고요한 것은 시간적인 관점에서 말한 것이고 "음으로 나뉘고 양으로 나뉘는" 것은 공간적인 관점에서 말한 것이야. 혼돈이 아직 구분되지 않았을 때에는 음양의 기는 운동하면서 서로 뒤섞이고 세계는 아직 그윽한 암

흑천지[幽暗]였지. 이것이 나뉠 때 한가운데 넓게 빛이 비치고 거기에 처음으로 양의가 성립되었던 것이야. 소옹邵雍은 12만 9천 6백 년을 일원一元으로 하였는데 그렇다면 이 12만 9천 6백 년 이전에도 역시 또 하나의 거대한 개폐가 있었을 것이고 그 이전에도 또 그러하였을 것이야. 다만 "움직임과 고요함은 단초가 없고 음양은 시작이 없을" 뿐일세. 작은 것은 큰 것의 그림자이니 낮과 밤을 잘 관찰해 보면 그것을 알 수가 있네. 호오봉은 "하나의 기가 큰 숨을 한 번 내쉬면 세계의 저 끝이 흔들리고 천지는 변동하며 산은 발연히 봉기하고 강은 매몰되며 사람과 사물도 다 소멸하여 구세계에 대붕괴가 일어난다"고 하였는데 이것은 혼돈으로 돌아간 세계를 말한 것이지. 언젠가 높은 산에 올랐을 때 조개껍질이나 대합이 돌 속에 나와 있는 것을 본 적이 있네. 이 돌은 옛날에는 흙이었어. 조개나 대합은 물속에 사는 것이니 낮은 것이 변하여 높아지고, 부드러운 것이 변하여 딱딱해진 것이지. 이 사실을 잘 생각해 보면 쉽게 납득할 수 있을 것이야.

5-2.
하늘·땅·사람의 어울림, 음양오행

하늘과 땅과 사람의 작용

천지는 처음에 단지 음양의 기氣뿐이었네. 이 일기一
氣가 운동해 마찰을 되풀이하였지. 그 마찰 속도가 빨
라지자 많은 앙금이 생겨났는데, 안에는 나갈 곳이
없으니 응결되어 한가운데에 땅이 만들어졌지. 맑은
기는 하늘이 되고 해와 달이 되고 별이 되어 언제나
바깥쪽을 돌고 있네. 땅은 한가운데 있으면서 움직이
지 않지만 아래에 있는 것이 아니라네.
하늘에는 봄, 여름, 가을, 겨울이 있고, 땅에는 쇠, 나
무, 물, 불이 있고, 사람에게는 인, 의, 예, 지가 있으니,
모두 네 가지가 서로 작용하는 것일세.

다만 음과 양이 있을 뿐

"자네들, 시험 삼아 천지 사이를 보게. 그 밖에 무엇이 있는가. 다만 음과 양이 있을 뿐이야. 어떤 것이든 여기서 벗어날 수 없지. 내 몸에서 곰곰이 살펴보게. 눈을 뜨면 양 아니면 음이고, 그 음과 양이 밀물처럼 내 몸으로 다가오지. 다른 어떤 것도 보탤 수 없어. 인仁이 아니면 의義이고 강剛이 아니면 유柔라네. 내가 무엇인가를 하려고 앞으로 나아가면 양이고 뒤로 물러나면 음이 된다네. 생각이 움직이면 양이고 고요하면 음이지. 한 번 움직이고 한 번 고요한 것[一動一靜]이 그대로 음양인 것이야. 복희씨伏羲氏는 이것에 따라 괘를 그려서 사람들에게 보여 준 것에 불과하다네. 다만 하나의 음, 하나의 양에 의거할 따름이라면 많은 도리를 포괄할 수 없지. 그러니 이것을 조합하여 64괘, 384효로 만든 것이야. 처음에는 많은 괘와 효가 있을 뿐이었지만 훗날 성인이 이 밑에 많은 말을 달았다네. 다른 책들은 원래 이러저러한 사실이 있었으니, 비로소 이러저러한 도리를 말하였을 것이야. 허나 『역』은 사실이 있지도 않은데 예측하고 가탁하여 말하였지. 『서경』이라면 요순이 있고 우왕, 탕왕, 문왕, 무왕, 주공이 있고, 그들이 많은 사적을 이루었기에 많은 사실을 말할 수 있었지. 그런데 『역』은 원래 있지도 않았던 일을 성인이 미리 말해 두고 사람이 점치기를 기다리는 것이야. 큰일이든 작은 일이든 하나같이 예외는 있을 수 없지.

본래 『역』은 점치는 책이었지만 성인이 글로써 사람들에게 알리고자 하였기 때문에 거기서 많은 도리를 말하게 된 것이야. 지금 『역』을 공부하는데 반드시 어떤 일에 부닥쳐 점을 쳐야만 경계를 얻을 수 있다고 생각할 필요는 없어. 다만 평소에 읽어서 거기서 말하고 있는 도리를 자신이 처한 상황에 비추어 보고, 어떻게 해야 할지를 생각해 보면 되지. 그러므로 '가만히 있을 때는 그 형태를 보고 그 말을 완미하며, 움직이면 그 변화를 보고 그 점을 완미한다'고 한 것이야. 성인이 많은 말을 남겨 천하의 도리를 모두 거기에 포함시킨 것은 모든 일이 음양을 벗어나지 않으니 음양에 근거하여 도리를 부연하기 위한 것이었어. 지금 점을 치고자 한다면 어떤 사소한 일이라도 모두 거기에 있으니, 만약 점을 쳐서 '가는 바가 있으면 이로움이 없다'와 만났다면 외출해서는 안 되고, '큰 강을 건너는 것이 이롭다'가 나왔다면 배를 타도 좋은 것이지. 이러한 사례는 하나둘에 머물지 않는다네."

하손賀孫이 말했다.

"성인이 음양에 따라 많은 도리를 말씀하셨고, 말씀하신 도리가 모두 음양을 떠나지 않았던 이유는 음양을 음양이 되게 하는 까닭이 원래 '리'理에 근거하기 때문이군요."

선생이 말했다.

"음양은 기일세. 리가 있으면 곧 기가 있고 기가 있으면 곧 리가 있지. 천하의 모든 존재와 모든 변화는 리에서 생겨나지 않는 것이 없고 음양에서 생겨나지 않는 것이 없네."

하손이 말했다.

"그랬기 때문에 이천 선생께서 '천하에 성性 밖에 사물이 없다'고 하셨던 것이군요."

선생이 말했다.

"하여 '천지 사이는 다만 감응뿐'이라 하고, 또 '성誠은 사물의 처음과 끝이라 하고, 참되지[誠] 않으면 사물은 없다'고 하신 것일세."

오행은 하나의 음양

"오행은 하나의 음양이고, 음양은 하나의 태극이며, 태극은 원래 무극이다"에 따라서 음양은 존재하지만 태극이 존재하지 않는 때는 없음을 생각해야 하네.

만약 존재하는 것이 오직 음양뿐이라고 한다면 존재를 형이하적인 음양에만 국한하는 것이지. 만약 리理의 관점에서만 말한다면 태극은 음양과 분리된 적이 없어.

나는 이곳을 이렇게 해석했네. 음양을 떠나서 존재하는 것이 아니라 음양에 나아가 그 본체를 가리켜 보이고 음양을 뒤섞지 않고 말했을 뿐이라고. 이 구절에는 세 단계의 의미가 있으니 한층 더 깊이 고찰해야 한다네. 『통서』通書에는 "고요하여 움직임이 없고 움직여서 고요함이 없으면 사물이다. 움직이면서 움직임이 없고 고요하면서 고요함이 없는 것은 신神"이라고 하였네. 이 구절과 합쳐서 생각해야 하네.

음양은 기이고 오행의 질을 낳았다

"양이 변하고 음이 합하여 수화목금토를 낳았다"는 것은 음양은 기이고 오행의 질을 낳았다는 것일세. 천지가 사물을 낳을 때, 오행이 먼저 존재하였지. 땅은 토이며 토는 많은 금·목의 종류를 함유하고 있네. 천지 사이에 오행 아닌 것이 어디에 있겠는가? 오행과 음양, 일곱 가지를 혼합한 것이 사물을 낳는 재료일세. '오행이 순하게 펼쳐져 사계절이 유행'하는 것은 목화금수가 나누어져 춘하추동에 배당되지만, 토는 각 계절 사이에서 왕성해지지. 봄은 목에 배당되는데 청명절 후의 12일은 토가 가장 왕성한 때야. 하여 토는 각 계절 사이마다 18일간 왕성하므로 합해서 72일이 되네. 다만 여름에서 가을 사이의 18일은 토기가 가장 강성하므로 가을과 금을 낳을 수가 있는 거지. 「태극도」에서 생각해 보니 목이 화를 낳고 금이 수를 낳는 것은 각각 작은 선으로 연결되어 있지만, 화가 토를 낳고 토가 금을 낳는 것만은 토 가운데를 관철하고 있고 그 밖의 것은 곁을 통과하고 있는 것에서도 알 수 있네.

기의 운수가 무수한 차이를 만든다

기의 운수運數는 단지 기의 절후를 계산한 것일세. 대체로 하나의 기일 뿐이지. 음과 양의 기가 퍼져서 오행이 되니, 오행 속에는 각기 음과 양이 있네. 갑과 을은 오행 가운데 목이고, 병과 정은 화이며, 봄은 목에 속하고, 여름은 화에 속하네. 연, 월, 일, 시는 오행이 아닌 것이 없고 갑, 을, 병, 정 또한 음과 양에 속하니, 단지 음양과 오행의 기가 있을 따름일세. 사람이 태어날 때 마침 기를 받는 순간에 맑은 기를 얻는 사람이 있고, 탁한 기를 얻는 사람도 있네. 귀하고 천한 것, 오래 살고 일찍 죽는 것은 모두 이 때문이니, 그래서 다양한 차이가 생기는 것이야. 성현이 높은 자리에 오른다면 그 기가 조화롭지. 그렇지 못한 경우는 그 기가 치우쳐서 운행한 것이야. 그래서 맑은 기를 얻어 총명은 하지만 복록이 없는 사람이 있고, 탁한 기를 얻어 복록은 있지만 지혜롭지 못한 사람도 있으니, 모두 기의 운수에 의해 그렇게 된 것일세.

5-3.
천지만물의 리와 기

리가 있으면 곧 기가 있다

리와 기에 대해 물었다.

선생이 말했다.

"리가 있으면 곧 기가 있네. 다만 리가 근본이니, 지금은 우선 리로부터 기를 말하는 것이야. 가령 '태극이 움직여서 양을 낳고, 움직임이 극에 이르면 고요해지며, 고요해지면 음을 낳는다'고 한 것은, 움직이기 전엔 고요하지 않았다는 뜻이 아닐세. 정자는 '움직임과 고요함에는 끝이 없다'고 하셨지. 이 경우도 우선 움직임에서부터 말했을 게야. 가령 움직이기 전에는 고요하였고, 고요하기 전에는 또 움직임이 있었다는 논리는 '한 번 음이 되고 한 번 양이 되는 것은 도道라고 하고, 이 도를 이어가는 것이 선善'이라는 것

과 같네. 여기서 이어간다[繼]는 글자는 곧 움직임의
실마리일세. 만약 한 번 열렸다가 닫혀 버리고 계속
이어지지 않는다면 완전히 닫혀 버리고 말지."
제자가 또 물었다.
"이어간다는 것은 움직임과 고요함의 사이가 아닙니
까?"
선생이 대답했다.
"그것은 고요함의 끝이고 움직임의 시작이라네. 사
계절을 예로 들면, 겨울이 되면 만물은 다 보금자리
로 돌아가지만 만약 생겨나지 않으면 다음 해에는 아
주 멈추어 버릴 걸세. 대체로 곧음[貞]에서 다시 시작
함[元]이 생기니, 그렇게 끝없이 이어가는 것이지."
또 물었다.
"원형이정元亨利貞은 움직이고 고요하며 음과 양이 되
는 리를 갖추고 있는데 『주역』에서는 단지 건괘만이
이런 덕을 지닙니까?"
선생이 대답하였다.
"문왕의 『역』을 논한다면 본래 '크게 형통하니, 곧으
면 이롭다[大亨利貞]고 되어 있으니 단지 두 자씩 말한
것일세. 공자는 이 네 글자가 다 좋다고 생각하여 나
누어 말했지. 내가 예전에 『역』은 이해하기 어렵다고
한 것은 바로 이 때문이야. 복희에게는 복희의 『역』이

있고, 문왕에게는 문왕의 『역』이 있지. 공자는 문왕의
설에 의거하면서도 또 그것과 차이가 난다네."
제자가 또 물었다.
"리가 있고 나서 기가 있습니다. 사람이 생기기 전에
이 리는 어디에 있었습니까?"
선생이 대답하셨다.
"역시 여기에 있었을 뿐일세. 예컨대 바닷물을 어떤
사람은 한 국자를 갖고 가고, 어떤 사람은 한 지게를
갖고 가고, 어떤 사람은 한 사발을 갖고 가더라도 모
두 그 바닷물일세. 다만 그것은 주인이고 나는 손님
이며, 그것은 비교적 오래가고 내가 얻은 것은 오래
가지 않을 따름일세."

리와 기가 결합하여 사람이 태어난다

사람이 태어나는 것은 리와 기가 결합하기 때문이
지. 천리는 원래 넓고 넓어서 끝이 없지만 기가 없으
면 리가 있어도 모여서 머물 곳이 없어. 그러니 반드
시 두 기가 서로 교감하고 응결하여 생명이 싹터야만
비로소 리가 머물 곳이 생기네. 대체로 사람이 말하
고 움직이고 생각하고 일을 할 수 있는 것은 모두 기
덕분이며, 리는 거기에 존재하는 걸세. 그러므로 발

현하여 효제충신·인의예지가 되는 것은 모두 리일세. 리기와 오행이 서로 교감하여 다양한 변화를 만들어 내니 사람과 사물이 생겨날 때 정밀한 것과 엉성한 것의 차이가 생기지. 이것을 일기一氣의 관점에서 말한다면 사람과 사물도 기를 받아서 태어나지만, 정밀한 것과 엉성한 것의 관점에서 말하면 사람은 기의 바르고 통한 것을 얻은 것일세. 사물은 치우치고 막힌 것을 얻은 것이지. 바른 기를 얻은 것은 사람뿐이니 그래서 리가 잘 유통하여 막히지 않는 것일세. 사물은 치우친 기를 얻었기 때문에 리가 막혀서 지혜가 작용하지 않는 것이야. 예컨대 인간의 머리가 둥근 것은 하늘을 본뜬 것이고 발이 사각인 것은 땅을 본뜬 것이며, 똑바로 서 있는 것은 천지의 정기를 품수하였기 때문이지. 그러니 도리를 알고 지식이 있는 것이지. 사물은 천지의 치우친 기를 품수하였기 때문에 새나 짐승은 옆을 향하고, 초목의 머리는 생장하면 아래를 향하고 꼬리는 역으로 위를 향하는 걸세. 사물 가운데도 지혜가 있는 것이 있지만 그것은 어느 한 부분뿐이야. 예컨대 까마귀는 효를 알고 수달은 제사를 아는 것과 같지. 개는 집을 지킬 수 있을 뿐이며 소는 밭을 가는 것밖에 할 수 없지. 그러나 사람은 알지 못하는 것이 없고 할 수 없는 것이 없네. 사람과 사물이 다른 것은 다만 이것뿐일세.

천지는 사물을 낳는 것을 그 마음으로 삼는다

천지는 사물을 낳는 것을 그 마음으로 삼는다네. 예컨대 시루로 떡을 찌는 것과 같지. 기는 아래에서 위로 끓어오르고 위로 올라가면 다시 끓으면서 내려오지. 이처럼 오직 안에서 끓고 있다 보면 떡은 부드럽게 쪄지지. 천지는 그 가운데 많은 기를 함축하고 있는데 출구가 없어. 그러니 기가 그 속에서 한 번 끓어오르면 한 번 사물을 낳는다네. 천지는 달리 하는 일 없이 오직 사물을 낳을 뿐이니 사람처럼 이것저것 해야 할 일이 많아 여유가 없는 것과 다르지. 하늘은 다만 맷돌과 같은 것이니 오직 사물을 갈아 낼 뿐이야. 사람은 작은 자궁, 천지天地는 커다란 자궁이네. 사람의 머리가 둥근 것은 하늘을 닮은 것이고 다리가 사각인 것은 땅을 닮은 것이지. 그 사이에 많은 생기를 품고 있어. 그것이 바로 '측은'惻隱일세.

리가 먼저 있고 그 다음에 기가 있나요?

어떤 사람이 리가 먼저 있고 그 다음에 기가 있다는

설에 대해 물었다.

선생이 말했다.

"그런 생각은 할 것이 못 되네. 지금 처음부터 먼저 리가 있고 뒤에 기가 있는 것인지, 뒤에 리가 있고 앞에 기가 있는 것인지를 알고자 해도 그것은 어쨌든 궁구할 수 없는 일이야. 허나 추측건대 기는 리에 의지하여 움직이고, 기가 모이면 리 또한 거기에 존재할 걸세. 기는 응결하기도 하고 작용하기도 하지만 리 쪽은 품고 있는 뜻도 없고 계획된 제도도 없으며 작용도 없네. 다만 기가 응축한 곳에 존재할 따름이지. 예컨대 천지 사이에 인물, 초목, 금수가 태어날 때에는 반드시 종자가 있다네. 종자가 없이 느닷없이 생물이 태어나는 일은 결코 없지. 이것은 모두 기라네. 리라고 하면 다만 깨끗하게 아무것도 없는, 아무것도 아닌 넓고 넓은 세계이며, 형체도 흔적도 없지. 이는 아무런 영위도 하지 않지만 기 쪽은 활발히 서로 엉키기도 하고 응취하기도 하여 사물을 낳을 수 있다네. 아마 기가 있으면 리는 거기에 존재할 거야."

천지가 생기기 전에 리가 먼저 있었다

제자가 물었다.

"어제 천지가 생기기 전에 틀림없이 리가 먼저 있었다고 하셨는데, 무슨 뜻입니까?"

선생이 대답했다.

"천지가 생기기 이전에는 틀림없이 리만 있었네. 리가 있으면 천지가 있게 되지. 만약 리가 없었다면 역시 천지도 없었을 것이고 사람도 사물도 없었을 것이니, 실을 것이 전혀 없었을 것이야. 리가 있으면 곧 기가 유행하여 만물을 길러 준다네."

제자가 물었다.

"길러 준다는 것은 리가 길러 주는 것이 아닙니까?"

선생이 대답했다.

"리가 있으면 곧 기가 유행하여 만물을 길러 주네. 리는 형체가 없는 것이지."

제자가 물었다.

"이른바 본체라는 것은 억지로 이름 붙인 것이 아닌가요?"

선생이 대답했다.

"그렇다네."

제자가 물었다.

"리는 극한이 없고, 기는 극한이 있습니까?"

선생이 대답했다.

"극한을 따진다면 어디를 극한으로 삼겠는가?"

5-4.
천지만물의 감응

천지에 마음이 있는가 없는가?

내가 말했다.

"예전에 선생님은 천지에 마음이 있는지 없는지 생각해 보라고 말씀하셨죠. 근래에 생각해 보니, 천지에는 달리 마음이 없고, 인仁이 바로 천지의 마음인 것 같습니다. 만약 마음이 있다면, 반드시 생각이 있고 도모하는 것이 있을 겁니다. 천지에 무슨 생각이 있겠습니까? 하여 '사계절이 운행하고 온갖 사물이 생기는' 것은 그것이 그렇게 되는 것이 당연하니 생각할 필요가 없습니다. 천지의 도道가 그러하기 때문이죠."

선생이 대답했다.

"그렇다면 『역』에서 '지뢰복復 괘의 이치에서 천지의

마음을 볼 수 있다', '바르고 크기 때문에 천지의 실정을 볼 수 있다'고 한 것은 무슨 뜻인가? 자네처럼 말하면 단지 천지에 마음이 없는 측면만 말한 것이지. 정말 마음이 없다면, 소는 말을 낳고, 복숭아나무에 오얏꽃이 필 것인데, 이것들은 스스로 정해진 것이 없지. 정자는 주재한다는 측면에서는 제帝라 하고, 성性과 정情의 측면에서는 건乾이라 하였네. 이것은 분명한 의미를 갖고 있네. 마음은 바로 천지가 주재하는 곳이야. 그래서 '천지는 만물을 낳는 것을 마음으로 삼는다'고 하였던 게지. 나는 천지가 달리 의도하는 것은 없고, 단지 만물을 낳는 마음만 있을 뿐이라 생각하네. 하나의 근원적인 기가 두루 흐르고 통하여 끊어지지 않으니, 수많은 만물을 만들어 낼 뿐인 게지."

내가 물었다.

"정자는 '천지는 마음이 없으면서도 변화를 이루어 내고, 성인은 마음이 있으면서도 작위하는 것이 없다'고 하였습니다."

선생이 말했다.

"그것은 천지에 마음이 없는 측면만 말한 것이야. 가령 '사계절이 순환하고 온갖 만물이 생겨난다'고 했을 때, 천지 어디에 마음이 끼어들겠는가? 성인은 도리를 따를 뿐이니, 또 무엇을 할 수 있겠는가? 그래서 명도 선생은 '천지가 영원한 것[常]은 그 마음이 모두 사물에 두루 미치면서도 작위하는 마음이 없기 때문이다. 또 성인이 영원한 것은 자신의 감정으로 모든 일에 순응하면서도 사사로운 감정이 없기 때문이다' 라고 했는데, 참으로 좋은 말이지."

내가 물었다.

"만물에 두루 미친다는 것은 마음이 두루 미치면서도 사사로운 마음이 없는 것 아닙니까?"

선생이 대답하셨다.

"천지는 그 마음이 만물에 두루 미치기 때문에, 사람이 그것을 얻으면 사람의 마음이 되고, 사물이 그것을 얻으면 사물의 마음이 되고, 초목과 짐승이 그것을 얻으면 초목과 짐승의 마음이 되니, 오직 천지의 마음 하나일 뿐일세. 이제 천지에 마음이 있는 측면도 알아야 하고, 또 그 마음이 없는 측면도 알아야 하니, 그렇게 결정적으로 말해서는 안 되는 걸세."

천지가 혼돈 상태일 때

"천지가 최초에 나뉘지 않은 혼돈 상태일 때는 단지 물과 불 두 가지만 있었을 게야. 그러다 물의 찌꺼기가 곧 땅이 되었지. 지금 높은 곳에 올라가 바라보면,

많은 산들이 파도치는 모양을 하고 있는데, 바로 물이 넘쳐서 그렇게 된 것이야. 단지 언제 굳어졌는지 모를 뿐이지. 아마 처음에는 아주 부드러웠다가 나중에 딱딱하게 굳어졌을 게야."

제자가 물었다.

"밀물과 썰물이 모래를 솟구쳐 오르게 하는 것과 같다는 생각이 듭니다."

선생이 말했다.

"그렇다네. 가장 탁한 물은 땅이 되고, 가장 맑은 불은 바람, 우레, 번개, 해와 별 따위가 된 거야."

천지 사방의 밖은 없습니까?

제자가 물었다.

"소강절 선생은 천지 사방의 밖을 논의하였지요. 아마도 천지 사방의 밖은 없지 않나요?"

선생이 말했다.

"이치에는 안과 밖이 없지만, 천지 사방은 형체가 있어서 반드시 안과 밖이 있네. 해는 동쪽 끝에서 떠올라 서쪽 끝으로 떨어지고, 다음 날 다시 동쪽 끝에서 떠오르지. 이 위쪽에 많은 것들이 있고 아래에도 역시 많은 것이 있으니, 어찌 천지 사방의 안이 아니겠는가. 책력을 정하는 이들이 기의 운수를 계산할 때, 단지 해와 달과 별이 운행하는 곳까지는 계산했지만, 그 이상은 더 계산하지 못했을 뿐일세. 어떻게 안과 밖이 없을 수 있겠는가."

하늘의 회전이 봄여름에는 느려지고, 가을겨울에는 빨라진다

사람들은 북방의 땅이 높고 건조하다고 말하는데, 아마도 더운 달에는 무덥고 습할 게야. 「월령」에 "이 달에는 땅에 습기가 있고 무더우며, 천기天氣가 밑으로 내려오고 지기地氣는 위로 올라간다"고 하였네. 생각해 보면, 봄여름에는 하늘의 회전이 조금 느려지니 기후가 느슨하고 산만하고 흐리지. 남쪽은 이런 현상이 더욱 심해. 가을겨울이 되면 하늘의 회전이 더 빨라지니, 기후는 청명하고 우주는 맑고 넓어지네. 하늘이 높으면 기는 맑다고 하는 까닭은 그 회전이 빨라서 기가 긴밀해지기 때문이야.

물은 산을 따라 흐른다

제자가 물었다.

"일전에 선생님께서 물은 산을 따라 흐른다고 말씀하셨습니다. 어떻게 그것을 알 수 있습니까?"

선생이 말했다.

"지상의 물은 산 밑에 있고, 지하의 물은 산등성이를 흐른다네."

이어서 손가락에 비유하며 말했다.

"지상의 물은 손가락 틈새를 흐르고, 지하의 물은 손가락 끝에서 흐른다네. 물이 산 밑에 있기 때문에 우물을 파는 사람도 산맥을 살피는 것이지."

어째서 바다는 넘치지 않는가?

어떤 사람이 무수히 많은 강이 바다로 흘러가는데도 어째서 바다는 넘치지 않는지 물었다.

선생이 말했다.

"아마 말라 버리기 때문일 거야. 바다에서 소용돌이가 일어나며 물을 빨아들이는 것을 본 사람이 있네."

인간의 씨앗

천지가 열린 태초에 어떻게 인간의 씨앗을 찾아낼 수 있겠는가? 물론 기가 가득 차서 두 사람의 인간이 만들어진 다음에 비로소 많은 사물을 만들어 낸 것이지. 그러니 먼저 "건도乾道가 남자를 이루고 곤도坤道가 여자를 이룬다"고 한 다음에 "만물을 화생한다"고 한 것이지. 처음에 만약 그 두 사람이 없었다면 지금 어떻게 이처럼 많은 사람이 있었겠는가? 두 사람은 지금 사람 몸에 '기생하는 이'처럼 자연스럽게 변화하여 태어난 것이야. 『능엄경』楞嚴經 뒤쪽에는 이런 말이 있다네. "대겁 후에 세간의 사람은 다 죽고 인류는 존재하지 않았으며 일종의 곡물만 날 뿐이었다. 그것이 한 척 정도 자랐을 때 천산에서 선녀가 내려와 맛을 보았는데 너무 맛있어서 먹고, 다시 와서 또 먹고 하는 사이에 몸이 무거워져 올라가지 못하게 되었다. 세상에 다시 처음으로 사람의 씨앗이 만들어진 것이다." 이 이야기는 물론 재미있는 옛날이야기지. 허나 이것을 보고, 세상에 인간이 생겨나는 모습이 아마 이랬을 것이라 나는 알았네.

사람이 숨을 내쉴 때와 들이쉴 때

사람이 숨을 내쉴 때는 오히려 배가 부풀고, 숨을 들이쉴 때는 배가 들어간다네. 따져 보면 내쉬면 들어가고 마시면 부풀어야 하는데, 이렇게 되는 것은 숨을 내쉬면 비록 코나 입의 한 구멍으로 숨은 나가지만 단전의 구멍에서 다시 기가 생기니 배가 부푸는 것이지. 숨을 마시는 단계가 되면 그 생겼던 기가 다시 안에서 재빨리 나오기 때문에 도리어 배가 들어가는 것이야. 대체로 사람이 태어나서 죽을 때까지 기는 오직 나오기만 할 뿐이니, 다 나오면 사람은 죽는다네. 숨을 마실 때에는 바깥 기를 들이쉬는 것이 아니야. 아주 짧은 순간을 두고 그다음 숨이 나올 뿐이라네. 그러다 나올 것이 없으면 죽는 것이지. 노자에 "천지 사이는 탁약橐籥 같구나. 움직여도 다하지 않고 텅 비어 있어도 점점 더 나오네"라고 하였지. '탁약'은 바로 지금의 풀무를 말하는 것이지.

5-5.
이상한 이야기?

귀신이야기

귀신이야기가 나왔을 때 선생이 말했다.

"귀신의 일은 원래 이차적인 문제라네. 그럼자도 형체도 없는 존재는 이해하기 어려우니 반드시 이해할 필요는 없지. 우선 일상생활의 절실한 문제에 대해 공부하도록 하게. 공자가 '아직 사람을 잘 섬기지 못하거늘 어찌 귀신을 섬기겠는가, 아직 삶을 잘 알지 못하거늘 어찌 죽음을 알겠는가'라고 하셨는데, 이것으로 남김없이 다 말씀하신 거야. 마땅히 이해해야 할 문제를 잘 이해하면 귀신은 저절로 알게 되는 것이지. 만약 깊이 생각해야 할 것을 생각하지 않고 중요하지 않은 문제와 씨름한다면 장차 아무것도 이해하지 못하게 될 거야."

귀는 움츠리는 것, 신은 펼치는 것

신神은 펼치는 것[伸]이고 귀鬼는 움츠리는 것[屈]일세.
바람이 불고 비가 내리고 천둥이 울리고 번개가 치는
것은 '신'이고, 바람이 그치고 비가 지나가고 천둥이
멎고 번개가 그치는 것은 '귀'일세.

삶과 죽음, 귀신의 도리란 무엇입니까?

제자가 물었다.
"삶과 죽음, 귀신의 도리[理]란 무엇입니까?"
선생이 말했다.
"천도가 유행하여 만물을 기르는데, 리가 있은 다음
에 비로소 기가 있네. 양자는 동시에 존재하지만, 리
가 주이며 사람은 이것을 얻어 태어나지. 기의 맑은
것은 기가 되고, 기의 탁한 것은 질이 되네. 지각하고
움직이는 것은 양의 작용이고, 형체는 음의 작용일
세. 기는 혼魂이라 하고 체는 백魄이라 하네. 고유高誘
는 『회남자』淮南子 주에 '혼은 양의 신神이고, 백은 음
의 신'이라 했지. 여기서 신神이라고 한 것은 이것이
형체나 기를 주관하기 때문이야. 사람이 태어나는 것
은 정기가 모이기 때문이지. 사람에게는 많은 기가
있지만 언젠가는 소진할 때가 온다네. 다 소진하면

혼기는 하늘로 돌아가고 형체는 땅으로 돌아가 죽지. 사람이 막 죽으려고 할 때는 열기가 위로 나오는데 혼기가 올라가는 것이야. 그리고 하반신은 차가워지는데 백이 내려가는 것이지. 이것이 삶이 있으면 반드시 죽음이 있고 시작이 있으면 끝이 있다고 하는 게야.

무릇 모이고 흩어지는 것은 기이며 리는 다만 기에 머물 뿐 결코 그 자체가 응결하여 하나의 사물이 되는 것은 아니라네. 단지 사람들이 구분할 적에 '마땅히 그러해야 하는 것'이 리인데 리에 관해서는 취산聚散을 말할 수 없지. 사람이 죽으면 흩어져 버리지만 곧바로 다 흩어지는 것은 아니라네. 그렇기 때문에 제사 지낼 때 감응하는 도리가 있는 것이지. 세대가 먼 선조는 그 기가 있는지 없는지 알 수 없어. 허나 제사를 행하는 자가 그 자손이라면 틀림없이 기가 같기 때문에 감응하여 통하는 도리가 있는 것일세. 그러나 이미 흩어진 것은 두 번 다시 모이지 않지. 불교에서는 사람이 죽으면 귀신이 되고 귀신은 다시 사람이 된다고 하지. 만약 그렇다고 하면 이 세상에는 언제나 많은 사람들이 오고 가고 있을 뿐이니, 다시는 낳고 또 낳는 천지의 조화가 이루어지지 않을 게야. 그런 도리는 없지. 백유伯有가 귀신이 되어 원한을 갚았던 일에 대해 이천 선생은 '또 다른 도리가 있다'

고 하였지. 생각건대 그 사람의 기가 아직 다 없어지지 않았는데 무리하게 죽음에 이르게 하였으므로 원수를 갚지 않을 수 없었던 것이야. 정자산鄭子産이 그를 위해 제사를 지내 줄 후손을 세워 편안히 머물 곳을 만들어 주었기에 다시는 나타나지 않았지. 그 또한 '귀신의 실정을 알았다'고 할 만하지."

제자가 물었다.

"이천 선생은 귀신은 조화의 자취라고 하셨는데, 이것 역시 조화의 자취인 겁니까?"

선생이 말했다.

"모든 것이 그렇지. 만약 정상적인 도리로 논한다면 나무에 갑자기 꽃이 피고 잎사귀가 돋아나는 것과 같은 현상이니, 이것이 바로 조화의 자취라네. 하늘에 갑자기 천둥 번개가 치고 바람이 불고 비가 오는 것도 모두 조화의 자취이지. 다만, 사람들이 늘상 보는 것이기 때문에 이상하게 여기지 않을 뿐일세. 그러다 갑자기 귀신의 소리를 듣거나 도깨비불 같은 것을 보면 이상하게 여기는 것이지. 이것 역시 조화의 자취일세. 다만 정상적인 도리가 아니므로 기이하게 생각하는 것이지. 『공자가어』에 '산의 정령을 기망량夔魍魎이라 하고, 물의 정령을 용망상龍罔象이라 하고, 땅의 정령은 분양墳羊'이라 하였는데 그것들 모두 기가 어지럽게 제멋대로 결합하여 생긴 것이니 도리상 존재하지 않는 것은 아니지. 일률적으로 존재하지 않는다고 하는 것은 잘못이야. 예컨대 겨울이 춥고 여름이 더운 것은 정상적인 도리지만 때로는 갑자기 겨울에 덥고 여름에 추울 때가 있지 않은가. 그러니 그런 도리는 없다고 어떻게 말할 수 있겠는가? 다만 정상적인 도리가 아니므로 이상히 여기는 것에 불과하다네."

도마뱀이 우박을 만든다

이천이 말하기를, "세상 사람들은 도마뱀이 우박을 만든다"고 하지. 처음에는 그럴 리가 없을 것이라 생각했지만, 곰곰이 생각해 보니 있을 수 있는 일이었어. 다만 전부 도마뱀의 탓이라고 하는 것은 잘못이지. 우박은 위쪽이 응결하여 생긴 것도 있고 도마뱀이 만든 것도 있어.

내가 젊은 시절 십구 백부十九伯父: 주희 부인의 백부 유치단(劉致端)가 그것을 직접 눈으로 보았다는 이야기를 들은 적이 있네. 십구 백부는 신중한 분이셨으니 그 이야기는 근거 없는 낭설은 아닐 거야. 또 왕삼가王三哥의 조부로 참의를 지낸 분에게도 이런 이야기를 들은 적이 있네. 그분은 언젠가 오대산에 오른 적이 있었는데 산이 매우 높고 추워서 한여름이었지만 솜이불을 가지고 갔다더군. 그런데도 한 스님이 그 이불이 적다고 하셨다네. 왕씨는 좀 묘한 말을 한다고 생각했는데, 스님은 그러면서 이불 두세 채를 빌려 주셨지. 밤이 되자 어찌나 추운지 솜이불을 몇 겹이나 둘러도 따뜻하지 않았다는군. 왜 그런가 했더니 산봉우리에서 도마뱀이 물을 삼켰다가 뿜어내어 우박을 만들고 있었던 거야. 드디어 격렬한 폭풍우가 치더니 녀석들이 내뿜은 우박은 보이지 않게 되었다지. 다음 날 산을 내려오니 전날 밤 우박이 심하게 내렸다는 이야기를 들었는데, 물어보니 절에서 본 일과 모두 부합하였다고 하네.

또 『이견지』夷堅志에 따르면 유법사劉法師라는 어떤 사람이 융흥부隆興府 서산西山에서 수행을 하고 있었다네. 그가 있던 산에는 도마뱀이 많고 모두 밥그릇만 한 크기였다지. 경단을 주면 모두 먹어치웠다. 그러던 어느 날 갑자기 무수한 도마뱀이 암자로 몰려 들어와 우물의 물을 모두 마셔 버렸다네. 다 마시고 나자 물을 다시 내뿜어서 우박을 만들었다는군. 잠시 후 격렬한 폭풍우가 치더니 녀석들이 내뿜은 우박은 보이지 않게 되었지. 다음 날 산을 내려와 사람들이 하는 이야기를 들어 보니 그때 내린 우박은 도마뱀이 내뿜은 것과 완전히 같았다고 해.

도마뱀도 용과 닮아서 음陰과 친구이지. 이 기가 서로 감응하여 녀석들은 그런 작용을 일으킨 거야. 바로 음과 양이 싸울 때인 거지. 그렇기 때문에 우박이 내릴 때는 반드시 추운 거야. 지금 우박의 양쪽 끝을 보면 모두 뾰족하고 능선이 있다. 아마 처음에는 둥글었던 것이 위쪽에서 음양이 싸우는 동안에 그렇게 깎인 것이라 생각되네. 박雹이라는 글자는 우雨와 포包로 만들어져 있네. 기가 확실하게 에워싸므로 박이라 한 것이지.

돼지의 기를 타고난 사람

후지厚之가 물었다.

"사람이 죽어서 짐승이 되는 도리는 없는 듯한데, 영춘永春에 있는 한 집안에서 털이 난 돼지 귀를 한 아이를 직접 본 적이 있습니다. 이것은 무슨 일일까요?"

선생이 말했다.

"그것은 전혀 이상하게 여길 일이 아닐세. 예전에 적계 선생을 도와주었던 병사는 가슴에 돼지 털이 나 있었고 잘 때는 돼지 소리를 내는 것을 본 적이 있네. 이것은 다만 돼지의 기를 타고났기 때문이야."

『주자어류』(전 140권) 원 체재(體裁)